KB010314

느긋하게 살았더니
내가 더 좋아졌어요

느긋하게 살았더니
내가 더 좋아졌어요

코세코 노부유키 지음 | 최우영 옮김

생각의
날개

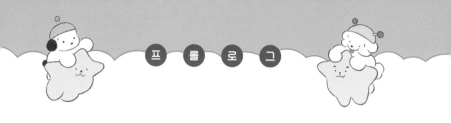

지금의 나도 괜찮다

"휴일이 끝나는 일요일. 왠지 우울하고 슬퍼진다. 왜 이런 기분이 드는지 생각해 보니, 다른 친구들과 비교했을 때 나 자신이 너무 한심하다고 느껴졌기 때문이다. SNS에는 친구들의 화려하고 멋진 모습이 끊임없이 올라온다. 나와는 완전히 다르게 살아가고 있는 그들을 보면 우울한 기분이 드는데도 그 모습을 하염없이 바라보고 있다. 이유도 없이 우울한 기분으로 어젯밤도 새벽 3시까지 친구들의 SNS를 열었다 닫기를 반복했다.

다음날 실제로 친구를 만났을 때도 그 모습을 바라보며 눈부시다는 느낌을 받았다. 내 열등감은 점점 커져만 갔고, 도무지 아무 말도 할 수 없었다. 조금 거리를 두고 싶은 마음도 들었지만, 그러다가 친구에게 미움받지 않을까 하는 생각에 그럴 수도 없었다. 미묘한 분위기에 둘러싸여 마음 둘 곳이 없다는 기분이 들었다.

그 이후로도 SNS를 볼 때마다 비참한 감정을 느꼈고, 나 자신을 스스로 인정하지 못하는 나날을 보냈다. 때때로 그런 나를 바꿔 보고 싶다고 생각했지만, 어느 순간 나는 또다시 다른 사람들과 나를 비교하고 있었다. '나는 가치가 없다.'라는 생각만 자꾸 들었다."

  내 소개를 잠시 하자면, 나는 일본 나라현에서 정신과 방문 간호사로 일하고 있다. 간호사라고 하면 보통 병원에서 치료를 돕는 이미지를 떠올리지만, 실제로는 병원 근무 말고도 여러 가지 일을 한다. 일부만 예를 들면, 요양원이나 시설, 행정기관, 보건소에서 근무하는 간호사도 있고, 기업의 산업 간호사도 있다. 그중에서도 나는 재택의료를 통해 정신질환이 있는 사람들의 케어를 전문으로 하고 있다. 조금 더 알기 쉽게 이야기하자면, 병원이 아니라 집에서 하는 마음 치료라고 할 수 있다. 이 일이 심리상담사와 어떻게 다르냐는 질문을 자주 듣는데, '정신' 그 자체가 아니라 정신 상태에 영향을 주는

'생활'에 관해 다룬다는 점에서 차이가 있다고 할 수 있다.

글의 서두에 소개한 내용은 내 상담자 중 한 분이 해 준 이야기다. 이를 특별한 누군가의 이야기라고 생각할 수도 있겠지만, 사실 그렇지 않다. SNS를 직장으로 바꾸고 친구를 후배, 동료, 직장 상사로 바꾸면, 세부적인 사항은 바뀌더라도 '다른 사람과 비교하여 고통받는다.'라는 의미에서는 똑같아진다. 그리고 그 고뇌의 배경에도 '인생으로부터 압박받는 상황'이라는 공통점이 있다. 그 상황은 자기 마음에 의한 것일 수도 있고, 환경에 의한 것일 수도 있다. 혹은 상처받은 경험 때문에 공격적인 태도가 되는 자기방어일지도 모른다. 하지만 근본적으로는 인생에 여유를 갖지 못하는 경직성이 원인이다.

이런 마음을 조금이라도 풀고 편해지려면 인생에서 여유를 찾는 방법을 깨닫고, 자기 마음의 흐름대로 살아가는 것이 정말 중요하다. 앞서 소개했던 상담자에게 중요한 전환점도 바로 그것이었다. 자신의 가치는 SNS에서 볼 수 있는 화려함에 있지도 않고, 팔로워 숫자로 평가할 수도 없다. 다른 사람과 비교하여 부족한 부분이 있다고 해서 자신의 가치가 떨어지는 것은 아니다. 이 점을 깨닫고 비교의 압박에서 벗어나 '지금의 나도 괜찮다.'라고 생각할 필요가 있다. 그러면 흐려졌던 눈앞이 점점 맑아지고, '괜찮은 나'를 되찾을 수 있다. 이것이 바로 내가 목격한 '마음케어'다. 이 책을 읽는 분들도 같은 체험을 할 수 있도록 평소에 내가 하고 있는 케어의 메시지를 담았다.

각각의 장에 고민을 세부적으로 나누고, 시야를 넓혀 주는 해설과 마음이 지친 상태에서도 할 수 있는 여러 대처법을 소개해 놓았다. 꼭 책의 앞부분부터 순서대로 읽을 필요는 없다. 먼저 목차를 보고, 읽고 싶은 부분을 찾아 읽어도 괜찮다. 중요한 것은 반복해서 읽는 것이다. 그렇게 읽다 보면 불안한 마음과 정신적 소모를 막을 수 있는 힘이 생길 것이다. 이 책을 통해 '괜찮은 나'를 되찾았으면 한다.

CONTENTS

프롤로그 지금의 나도 괜찮다 · 004

1 CHAPTER

나에 대한 딜레마
이제는 이런 내가 싫다

1 CASE 나는 무능력한 인간이다 · 014
연습하기 의기소침해진 나와 대화하기 018

2 CASE 불안이 머릿속에 가득하다 · · · · · · · · · · · · · · · · · · · 020
참고하기 마음의 그릇을 떠올려 본다 024

3 CASE 스트레스 때문에 아무것도 손에 잡히지 않는다 026
연습하기 해야 할 일을 정리한다 030

4 CASE 금방 감정적이 된다 · 032
참고하기 감정적이 되었을 때의 응급처치 036

5 CASE 항상 나 자신을 탓한다 · 038
연습하기 내가 잘하는 일을 발견한다 042

6 CASE 하고 싶은 일을 할 수 없다 · · · · · · · · · · · · · · · · · · 044
연습하기 내게 알맞은 휴식 방법을 찾는다 048

7 CASE 실패할까 봐 무섭다 · 050
연습하기 내 행동을 점수화한다 054

8 CASE 감정의 파도에 휩쓸린다 · 056
연습하기 '기분이 좋은 나'와 '기분이 나쁜 나'를 알아 둔다 060

9
CASE
무심결에 과음한다 · · · · · · · · · · · · · · · · · 062
연습하기 술을 마시고 싶은 욕구를 이겨 내는 방법 066

10
CASE
매사가 불분명하다 · · · · · · · · · · · · · · · · · 068
연습하기 '감정의 성분표'를 만든다 073

11
CASE
어차피 안 될 거로 생각한다 · · · · · · · · · · · · 074
연습하기 지금 할 수 있는 일을 찾는다 078

12
CASE
우울한 감정에서 벗어날 수 없다 · · · · · · · · · 080
연습하기 '힘들 때 내게 나타나는 반응'을 살핀다 084

13
CASE
조급한 마음 때문에 침착할 수 없다 · · · · · · · · 086
참고하기 침착해지는 마음의 주문을 준비한다 090

14
CASE
항상 이유 없이 불안하다 · · · · · · · · · · · · · · 092
연습하기 내가 잘 살고 있음을 깨닫는다 096

2
CHAPTER

다른 사람의 말과 행동이 만드는 스트레스
신경 쓰이는 이런 일, 저런 일

15
CASE
다른 사람과 나를 비교한다 · · · · · · · · · · · · · 100
연습하기 다른 사람의 시선으로 조언하기 104

16
CASE
직장 상사를 대하기가 힘들다 · · · · · · · · · · · 106
연습하기 상대의 감정과 내 감정을 구분한다 110

17
CASE
그 사람은 왜 못할까? · · · · · · · · · · · · · · · · 112
참고하기 내 요구를 제대로 전달한다 · · · · · · · · 116

18
CASE
말이 제대로 전달되지 않아서 답답하다 · · · · · 118
연습하기 대화의 전제를 갖추기 위한 3단계 · · · · · · · · 122

19
CASE
고집 때문에 다른 사람과 부딪힌다 · · · · · 124
연습하기 더 나은 의사 전달 방법을 생각한다 · · · · · · · 129

20
CASE
친구를 도와줄 수 없어서 무력감을 느낀다 · · · · · 130
연습하기 '최고'와 '최저'의 시나리오를 만든다 · · · · · · · 134

21
CASE
자랑질이 싫다 · · · · · · · · · · · 136
연습하기 자랑질이 보잘것없다는 사실을 인지한다 · · · · · 140

22
CASE
후배를 지도하기가 힘들다 · · · · · 142
연습하기 과하지 않게 도와주는 방법을 찾는다 · · · · · · · 146

23
CASE
다른 사람과 똑같지 않아서 불안하다 · · · · · 148
연습하기 같아지고 싶은 점이 무엇인지 생각한다 · · · · · 152

24
CASE
부탁받으면 거절하지 못한다 · · · · · 154
연습하기 '해 줄 수 있는 범위'를 정한다 · · · · · · · · 158

25
CASE
0과 100밖에는 선택할 수 없다 · · · · · 160
연습하기 떠오른 생각을 잘 살펴본다 · · · · · · · · 164

3
CHAPTER

일에 관한 고민들
인간관계도 일도 두리뭉실하다

26
CASE
일이 바빠서 힘들다 · · · · · · · · · · · 168
참고하기 아이메시지로 대답한다 · · · · · · · · · · · 172

27
CASE
내 생각만이 정답은 아닐 수 있다 · · · · · 174
참고하기 관점을 바꾸면 시야가 넓어진다 · · · · · · · 178

28
CASE 직장에서 부정당한다 · · · · · · · · · · 180
연습하기 건설적인 의견에서 배움을 얻는다 184

29
CASE 힘들어도 다른 사람에게 의지하지 못한다 186
연습하기 무리하지 않고 대화할 수 있는 상대 만들기 190

30
CASE 사이가 좋아지고 싶다 192
연습하기 나를 얼마나 드러낼지 결정한다 196

31
CASE 쉬고 싶어도 쉴 수 없다 198
연습하기 책임의 범위와 일의 방법을 정리한다 202

32
CASE 좋은 평가를 받지 못해 의욕이 생기지 않는다 204
연습하기 내가 하는 일의 가치를 생각한다 209

33
CASE 다른 사람에게 미움받을까 봐 무섭다 210
연습하기 힘들지 않게 만날 수 있는 상대를 찾는다 214

34
CASE 일이 끝나지 않아 마음이 무겁다 216
참고하기 문제 해결에 도움이 되는 방법을 찾는다 220

35
CASE 불편한 사람과 만나기가 힘들다 · · · · · · 222
참고하기 '평소의 나'를 유지하기 위한 체크리스트 226

에필로그 자신의 소중함을 깨닫고 건강한 나를 되찾자 · · · · · · · · 228

누구에게나 자신이 바라는 이상적인 모습이 있다.
하지만 그렇게 되지 못하는 자신을 바라보며
매일 실망한다. 우리는 이상과 현실의 차이를
받아들일 수 없을 때, 자신을 필요 이상으로
탓하는 경우가 많다. 어떻게 해야 나 자신을
있는 그대로 인정할 수 있을까?

CHAPTER 1

나에 대한 딜레마

이제는 이런 내가 싫다

나는 무능력한 인간이다

'있는 그대로의 나'로 괜찮다고 생각하는 연습을 해요

도움이 되는 것만이 인간의 가치는 아니다

인간의 가치란 무엇일까? 세상에 도움이 되지 않는다면 가치가 없다고 생각하는가? 그렇게 생각한다면 '도움=가치'라고 바꿔 말할 수 있을 것이다. 하지만 정말 그럴까? "도움이 된다."라는 말은 행위 그 자체가 지닌 의미가 아니라, 결과에만 초점을 맞춘 표현이 아닐까?

지하철에서 A 씨가 노인 B 씨와 C 씨에게 자리를 양보하려 한다고 해 보자. 허리가 아픈 B 씨는 기쁜 마음으로 그 자리에 앉았다. A 씨는 B 씨에게 도움이 되었다. 하지만 노인으로 취급받고 싶지 않던 C 씨는 불쾌해하며 이를 거절했다. 결과적으로 A 씨는 C 씨에게 도움이 되지 않았다. A 씨가 한 행동은 똑같았지만, 상대에 따라 받아들이는 방법이 달랐기 때문이다. 이렇게 서로 다른 결과를 가져오는 행위를 '가치'로 평가하기에는 무리가 있다.

가치라는 개념은 타인에 의해 결정되지 않는다, 원래 모든 사람은 저마다 가치를 갖고 있기 때문이다. 이는 누군가에게 도움이 되는지에 따라 좌우되는 개념이 아니다.

아기가 태어나면 사람들은 그 모습을 보며 기뻐하기도 하고 감동하기도 한다. 이는 아기가 어떤 도움이 되기 때문이 아니라, '그냥 살아 있다'는 사실이 소중하기 때문이다. 어른이 되어도 우리의 가치는 태어났을 때와 달라지지 않는다.

'있는 그대로의 나'로 괜찮다

자신이 가치가 없다는 생각은 어린 시절의 경험과 관련되어 있을 가능성이 크다. 노력을 인정받지 못하거나 좋은 결과를 내지 않으면 칭찬받지 못하는 등 가정 혹은 주변 어른들과의 관계에서 영향을 받았을 수도 있다.

자신의 가치를 인정받고 싶다는 마음에는 많은 요인이 작용한다. 따라서 이는 한순간에 개선할 수 있는 문제가 아니다. 우선은 단 몇 초라도 좋으니 '이런 나라도 괜찮다.'라고 생각할 수 있도록 노력해 보자.

인간의 가치는 '있다', '없다'로
규정할 수 없다

우선 자신이 생각하는 '가치의 정의'를 새롭게 해야 한다. 가치는 '있다'와 '없다'의 이분법으로 나눌 수 있는 개념이 아니다. 하얀색에서 빨간색으로 색이 물들어 가는 그라데이션의 이미지를 떠올려야 한다.

새하얗거나 새빨간 사람은 아주 드물다. 대부분은 분홍색에 속한다. 그리고 색의 진함과 그 가치의 높고 낮음은 전혀 관계가 없다. 옅은 분홍이든 진한 분홍이든 각자의 아름다움이 있기 때문이다.

자신을 있는 그대로 보고, 자신이 할 수 있는 일이 무엇인지 깨닫길 바란다. 자신만의 색이 무엇인지 알고, 그 색에서 풍겨 나오는 아름다움을 느끼면 좋겠다.

다음 ❶~❷의 과정을 통해 우울함에 빠져 있는 나를 다정하게 대하는 연습을 해 보자.

❶ '나는 가치가 없다.'라고 느끼는 자신에게 이름을 지어 준다.

→ 예 마음이

❷ 이름을 지어 준 그 아이에게 말을 걸어 보자. 일상적인 대화도 괜찮다.

→ 예 '안녕, 마음아. 들리니?'

마음이가 우울해서 울고 있을 때

- 왜 그래?
- 내가 도와줄 수 있는 일은 없을까?
- 오늘 날씨 좋지?

마음이

- 그런 것 때문에 울면 안 돼.
- 다 큰 어른이 그러면 안 돼.

나

POINT

처음에는 연기처럼 느껴져서 우습다고 생각할지도 모르지만, 이 과정을 통해 내가 하는 말을 항상 옆에서 들어 주는 사람은 나 자신이라는 사실을 깨달을 수 있다. 마음이에게 하는 말은 점차 나 자신을 스스로 인정하는 말로 받아들여진다.

'있는 그대로의 나'로 괜찮다고 생각하는 연습을 해요

불만이 머릿속에 가득하다

잔이 넘치기 전에 부정적인 생각을 버려요

험담과 불만은 정말 나쁜 것일까?

기분 나쁜 일이 머릿속에서 떠나지 않고, 기분을 전환하려 해도 불만밖에 떠오르지 않을 때가 있다. 이럴 때는 어떻게 해야 할까?

우리는 어른이 되면 다른 사람을 험담하거나 불만을 이야기하는 행위가 나쁘다고 생각하기 시작한다. 기분 나쁜 일을 참아 내고 항상 상냥한 사람이 되어야 한다는 가치관이 세상에 퍼져 있기 때문이다. 그래서 불만을 토로하는 자신을 '나쁜 사람'이라고 생각하게 된다. 그러다 보면 속마음은 더욱더 답답해진다.

이럴 때 필요한 마음가짐은 좋은 사람이 되기 위해 힘든 일을 참아 내는 것이 아니라, 마음에 여유를 갖는 것이다.

부정적인 생각을 밖으로 내보내야
새로운 감정을 받아들일 수 있다

나는 사람의 마음을 '그릇'이라고 생각한다. 그리고 200ml밖에 들어갈 수 없는 유리잔에 300ml의 물을 부으면 넘칠 수밖에 없듯이 마음의 용량도 정해져 있다고 본다.

마음이라는 그릇이 부정적인 생각으로 가득 차 있다고 상상해 보자. 그 상태로는 새로운 무언가를 담을 여유가 없다. 우선 가득 차 있는 생각을 밖으로 버려야 한다.

부정적인 생각을 밖으로 내보내는 방법은 의외로 간단하다. 느낀 바를 그대로 솔직하게 말하면 된다. 가벼운 불만이라면 가까운 사람에게 이야기하는 방법이 있지만, 다른 사람에게 말하기 힘든 이야기도 있을 수 있다. 그래서 가장 추천하고 싶은 방법은 '글로 쓰기'다. 다른 사람에게 보여 줄 필요가 없으므로 무엇을 써도 상관없다. 만약 다른 사람의 험담을 늘어놓는다고 해도 죄책감을 느낄 필요가 없다.

어중간하게 쓰지 말고 철저하게 자신의 감정을 표현하는 것이 중요하다. '이제 더는 욕할 게 없다.'라고 느낄 정도까지 쓰다 보면 마음의 그릇에 공간이 생긴다. 그리고 새로운 관점과 감정을 수용하고 마음에 담을 수 있게 된다. 그러면 '그 사람이 나한테 기대하는 바가 있으니까 그렇게 말했을 수도 있겠구나.'처럼 상대의 관점에서 상황을 볼 수 있는 여유도 생긴다.

새로운 생각을 받아들일 공간을 비워 둔다

마음의 용량은 사람마다 다르며, 작을수록 나쁘다거나 클수록 좋다고 할 수 없다. 정리를 잘하는 사람은 방이 작아도 깨끗하게 정리하고 산다. 마음을 대하는 자세도 이와 비슷하다.

중요한 점은 항상 새로운 생각을 받아들일 수 있도록 공간을 만들어 두는 것이다. 자기 마음의 용량을 알고, 꽉 차기 전에 부정적인 생각을 밖으로 내보낼 수 있게 의식하면서 살도록 하자.

마음의 그릇을 떠올려 본다

마음의 그릇에서 부정적인 생각을 밖으로 내보내는 모습을 그림으로 확인해 보자.

부정적인 생각으로 가득 찼을 때

긍정적인 생각이
들어갈 공간이
없는 상태

분노　걱정　불안

질투　불안　슬픔

부정적인 생각을 밖으로 내보냈을 때

비어 있는 공간에
긍정적인 생각이
들어가는 상태

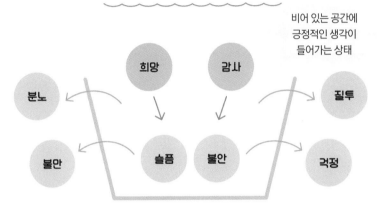

스트레스 때문에
아무것도 손에 잡히지 않는다

'휴식'이 필요하다는 신호일 수 있어요

긍정적인 변화도 스트레스가 된다

스트레스의 정체와 영향에 대해서는 풍선에 비유하여 설명할 때가 많다. 부풀어 오른 풍선을 손으로 누르면 모양이 변한다. 그때 손으로 가하는 압력이 스트레스며, 압력에 따라 부자연스럽게 일그러진 풍선의 모양이 스트레스가 가해진 마음의 모습이라고 할 수 있다.

보통 스트레스는 힘든 일 때문에 생긴다는 이미지가 있지만, 사실 우리에게 벌어지는 모든 사건이 스트레스를 만든다. '마음에 가하는 압력'을 만드는 원인은 '변화'다. 부정적인 변화만이 아니라 즐겁고 행복한 변화도 스트레스가 될 때가 있다.

마음이 강하다는 말은 '유연하다'는 뜻이다

사람들은 "마음이 강하다." 또는 "약하다."라는 표현을 자주 사용한다. '강함'이라는 단어를 쓰면 보통 '단단하고 굳센' 느낌이 떠오르지만, 마음의 강함을 이야기할 때는 그 이미지가 조금 다르다는 점을 알아 둘 필요가 있다.

곧게 위로 뻗은 나뭇가지와 유연하게 뻗은 버드나무 가지를 비교했을 때, 언뜻 보면 곧게 뻗은 나뭇가지가 더 강해 보인다. 하지만 강한 바람이 불거나 눈이 내릴 때를 생각해 보면 그렇지 않다. 강해 보이는 나뭇가지는 그 압력을 견디지 못하고 부러지지만, 버드나무 가지는 바람을 받아 크게 휠지언정 부러지지 않고 원래 자리로 되돌아간다.

마음을 지키기 위해서는 버드나무 가지와 같은 모습이 이상적이다. 살면서 스트레스를 받지 않기는 힘들다. 그러므로 거친 바람에도 부러지지 않는 유연함을 가져야 "마음이 강하다."라고 할 수 있다.

여러 가지 변화가 쌓이면 스트레스가 커진다

특별히 신경 쓰는 일도 없는데 의욕이 생기지 않고, 이유 없이 우울하고, 머리가 멍할 때가 있다. 이럴 때는 부러지기 직전까지 가지가 휘어진 상태일지도 모른다. 그렇다면 가지에 작용하고 있는 압력(=스트레스)을 줄이는 것이 가장 중요하다.

먼저 최근에 있었던 '변화'를 떠올려 보자. 예를 들어 '결혼+이직'처럼 복합적인 상황이 발생하면 스트레스가 더욱 커진다. 특히 새로운 일을 시작한 지 3개월 이내에 또 다른 변화가 생기면 마음에 부담이 크게 작용한다고 알려져 있다.

그러므로 자기 마음의 상태를 잘 살펴볼 필요가 있다. 만약 마음에 피로가 느껴진다면, 이는 자신에게 찾아온 변화가 너무 극심하다는 신호다. 이럴 때는 근성을 발휘하여 더 노력하지 말고, 직장과 집에서 겪는 일의 부담을 줄여야 한다. 그렇게 해서 체력과 기력에 여유가 생기면 조금씩 상황에 적응할 수 있다. 또, 자기 나름대로 대처한 경험이 쌓이면 마음의 유연성이 늘어나서 스트레스에 적응하는 힘도 강해진다.

해야 할 일을 정리한다

❶~❸의 과정을 통해 일을 정리하여 심신의 부담을 줄여 보자.

❶ 지금 반드시 해야 하는 일을 생각해 보자.

(예)

집	직장
· 부엌 청소	· 미팅 자료 작성
· 빨래	· 후배의 일 도와주기
· 식사 준비	· 내일 회의 자료 인쇄
· 쓰레기 버리기	· 메일 답장

❷ 그중에서 하지 않아도 몸과 마음의 건강 유지와 생활에 영향이 없는 일, 다른 사람에게 맡길 수 있는 일을 지워 보자.

(예) **부엌 청소** **이유** 지금 당장 하지 않아도 된다.

빨래 **이유** 아직 입을 옷이 있으므로 괜찮다.

후배의 일 도와주기 **이유** 후배가 혼자 해도 문제가 없을 것 같다.

내일 회의 자료 인쇄 **이유** 다른 직원에게 부탁할 수 있다.

❸ 남은 일에 우선순위를 매겨 보자.

(예) ❶ 식사 준비   ❷ 미팅 자료 작성

❸ 쓰레기 버리기   ❹ 메일 답장

POINT

❸의 작업을 할 때는 몸과 마음의 건강 유지와 생활에 영향을 주는 일을 우선순위에 두도록 한다. 7시간 이상의 수면, 1일 2회 이상의 식사, 가벼운 운동, 작업 사이의 휴식 시간 등을 우선으로 하여 일을 조정하자.

'휴식'이 필요하다는 신호일 수 있어요.

금방 감정적이 된다

나만의 응급처치를 준비해요

끓어오르는 감정을 억누르면 마음에 좋지 않다

우리는 살면서 분노와 슬픔, 즐거움 등 여러 감정을 느낀다. 그리고 감정은 표정과 행동으로 나타난다. 이런 반응은 우리 뇌 속에 있는 대뇌변연계(희로애락 등의 감정을 관장하는 부분)와 관련이 있으며, 의지력으로는 제어할 수 없다. 즉, 한순간 욱하는 표정으로 바뀌는 현상은 자연스러운 반응이다. 하지만 사람들은 대체로 그런 반응이 나타난 이후에 주변 상황에 따라 표정을 관리한다.

같은 일을 겪더라도 사람에 따라 발생하는 감정의 종류와 강도는 서로 다를 수 있다. 따라서 누구에게는 그냥 넘어갈 수 있는 일이 다른 누군가에게는 감정이 폭발하는 계기가 되기도 한다. 그렇다고 해서 그 감정에 그대로 휘둘리면 문제가 생길 수 있다.

다만, 앞서 이야기했듯이 감정은 의지력으로 억제할 수 없기 때문에 최대한 감정을 억누르려고 노력해도 한계가 있다. 또, 그런 노력을 지속한다면, 이는 자연스럽게 발생하는 감정을 억제하는 일이라서 부작용이 나타나게 된다. 그렇다면 어떻게 해야 할까? 우리가 취할 수 있는 가장 좋은 방법은 우리 마음속에 싹트는 감정을 어떻게 처리할지에 관해 생각하는 것이다. 대인관계에 영향을 주는 감정은 일반적으로 부정적인 감정이다. 이런 부정적인 감정을 제대로 처리할 수 있도록 미리 대비책을 준비해 두자.

순간적으로 감정이 올라올 때 취할 행동을 미리 정해 놓는다

가장 추천하는 방법은 '그 상황에서 벗어나기'다. 예를 들어 직장 상사로부터 메일을 받고 순간적으로 화가 났다고 해 보자. 이럴 때 그대로 컴퓨터 앞에 앉아 있으면 화가 점점 더 커질 뿐이다. 될 수 있으면 일단 컴퓨터를 끄고 자리에서 일어나 걷거나 스트레칭을 하는 방법을 택하도록 하자.

그 자리를 벗어나면 화가 났던 원인에서 물리적으로 거리를 둘 수 있게 된다. 또, 스트레칭을 하면 일시적으로 정신이 신체에 집중되므로 냉정함을 되찾는 데 도움이 된다.

자리를 벗어나기 힘든 상황이라면 눈을 감고 다섯까지 숫자를 세거나 심호흡을 하는 등 어떤 상황에서도 할 수 있는 방법을 시도해 보자.

대비책을 찾을 때 중요한 사항은 고민 없이 '바로 실행할 수 있는 것'이어야 한다는 점이다. 여러 가지를 생각해야 행동으로 옮길 수 있는 방법이라면 일순간 감정적이 되었을 때 바로 행동으로 옮기기가 어렵기 때문이다. '울컥한 기분이 들면 심호흡을 한다.'처럼 여차할 때 바로 '생각 없이 즉시 실행할 수 있는 대비책'을 몇 가지 준비해 두면 좋다.

다만, 주의해야 할 점이 하나 있다. 벽을 치거나 물건을 부수는 등의 폭력적인 방법은 한순간 기분을 나아지게 할 수 있을지 모르지만, 반복하는 동안 행동이 점점 더 과격해지는 부작용을 낳는다. 그 상황을 벗어나거나 숫자를 세는 등의 자신과 타인을 상처 입히지 않는 대비책을 마련하도록 하자.

감정적이 되었을 때의 응급처치

갑자기 감정이 격해질 때 할 수 있는 행동을 찾아보자.

추천하는 응급처치

· 몸의 특정 부위에 힘을 주고, 5초를 센 다음 힘을 뺀다.
· 부드러운 공을 손으로 꽉 쥔다.
· 자기 몸의 일부(무릎, 팔, 손 등)를 만지거나 쓰다듬는다.
· 눈을 감고 5초를 센다.
· 가슴에 손을 얹고 천천히 심호흡을 한다.
· 인형처럼 부드러운 물건을 꽉 껴안는다.
· 바로 대답하거나 반응하지 않고 그곳을 벗어난다.

피해야 하는 응급처치

· 물건을 던지거나 부수는 행동
· 자기 몸을 때리거나 꼬집는 행동
· 다른 사람에게 폭언하는 행동
· 홧김에 술을 마시는 행동

POINT

자해나 음주 등과 같이 의존성이 있는 방법은 하면 할수록 점점 더 과격해지므로 피해야 한다. 자신과 타인을 상처 입히지 않는 방법을 찾을 수 있도록 고민해 보자.

나만의 응급처치를 준비해요

항상 나 자신을 탓한다

미처 몰랐던 나만의 장점을 찾아봐요

무엇이든 '자기 탓'이라고 생각하지 않는다

일하다가 실수나 잘못을 저질렀을 때, 이를 받아들이는 방법은 사람마다 다르다. '실수는 누구나 하는 거니까 괜찮아.'라고 넘어가는 사람도 있지만, '오늘의 잘못을 절대 잊지 말아야지.'라고 다짐하는 사람도 있다.

실수와 잘못의 원인을 생각하고 개선해 나가는 태도는 물론 중요하다. 하지만 반성을 넘어서 자신을 스스로 책망하기 시작하면 필요 이상으로 괴로운 감정을 느끼게 될 수도 있다.

'이번 실수는 자료를 충분하게 확인하지 못했기 때문이야. 더 꼼꼼하게 봤어야 했는데, 야근해서라도 어제 확인했어야 했는데, 마음을 놓고 있었던 내 탓이야.'

이렇게 모든 일을 자기 탓이라고 생각하기 시작하면 작은 실수도 심각하게 느껴진다. 그러면 자신을 스스로 궁지에 몰게 된다.

'해야 한다는 압박'이 시야를 좁힌다

사사건건 자신을 탓하게 되는 이유는 '~해야만 한다.'라는 생각에 사로잡혀 있기 때문이다. '해야 한다는 압박'은 상황에 대한정답이 하나밖에 없다는 생각에서부터 비롯된다. '최선을 다하는 것만이 유일한 정답이다. 99% 노력했다고 해도 1%가 부족했다.'라고 생각해서 실수나 잘못을 저질렀을 때 '노력이 부족한 내가 못난 인간이야.'라고 극단적으로 받아들이는 것이다. 이러면 당연히 시야는 좁아진다.

세상을 넓게 볼 필요가 있다. 정답이 한 가지만 있는 일은 오히려 드물다. 물론 자기 일에 최선을 다하는 것은 잘못된 행동이 아니다. 하지만 적당한 선에서 노력하려는 태도 또한 잘못이 아니다.

그러나 '해야 한다는 압박'에 사로잡혀 자신을 평가하면, 자신이 만든 정답만이 유일한 기준이 되고, 어떤 결과를 얻더라도 정답에 비해서는 부족하다고 느끼게 된다.

'내가 잘하는 일'이 무엇인지 알아 본다

'해야 한다는 압박'에 사로잡히면 '나는 모자란 인간'이라고 생각하게 될 수 있다. 자신이 정한 정답이 100점이라고 했을 때, 조금이라도 미달하면 0점이 되는 것이다. 하지만 사실을 확인해 보면 다른 사람이 봤을 때 충분히 합격 기준에 도달해 있는 경우도 많다.

다음 페이지의 연습하기를 통해 '내가 잘하는 것'이 무엇인지 생각해 보자. 자신에게 잘하는 일이 조금이라도 있다는 사실을 알게 된다면, 끝없는 자기 책망의 굴레에서 벗어날 수 있고, 현재 위치에서 자신이 무엇을 해야 하는지에 관해 생각하는 계기가 될 수 있다.

내가 잘하는 일을 발견한다

❶~❹의 과정을 통해 내가 미처 깨닫지 못했던 내 장점을 생각해 보자.

❶ 내가 잘할 수 없었다고 느꼈던 일을 생각해 보자.

   (예) 자료 작성이 오래 걸려서 선배까지 야근하게 했다.

❷ ❶에서 예로 든 내용은 내가 생각하는 이상적
   인 상황을 100점으로 봤을 때 몇 점이라고 생   [예] 20 점
   각하는가?

   내가 기술이 부족해서 선배까지 고생시켜 미안한 마음이 든다.

❸ ❶에서 예로 든 내용 중에 '내가 잘했던 점(사실)'을 말해 보자. 아주 사
   소한 부분이라도 괜찮다.

   (예) 여러 번 확인했기 때문에 숫자는 틀리지 않았다.
        선배가 자료를 보고 "읽기 편하다."라고 이야기했다.

❹ ❶에서 예로 든 내용을 다시 한번 평가해 보자.

                                              [예] 60 점

   꼼꼼하게 작업하는 스타일이 내 장점일지도 모르겠다.

미처 몰랐던 나만의 장점을 찾아봐요

하고 싶은 일을 할 수 없다

에너지를 충전하고 행동으로 옮길 수 있게 준비해요

하고 싶은 일을 바로 시작할 수 있도록 장치를 만든다

하고 싶은 일이 많은데도 이상하게 집에서 뒹굴기만 한 경험은 누구에게나 있을 것이다. 하고 싶은 일을 하기 위해서는 요령이 조금 필요하다. 바로 행동으로 옮길 수 있도록 장치를 만들어 두는 것이다.

예를 들어 여행을 좋아한다면, 언제 갈 수 있을지에 대한 기약이 없더라도 일단 가고 싶다는 마음이 들었을 때 여행 계획표를 만들어 둔다. 여행지를 결정하고, 교통편을 찾아보고, 숙박 시설과 식당도 찾아 놓는다. 이렇게만 하더라도 벌써 설레는 기분이 든다. 또, 이렇게 미리 준비해 놓으면 생각지 않게 시간이 났을 때 주저 없이 바로 출발할 수 있다.

집에서 할 수 있는 일은 '언제 할지'를 정해 두면 효과적이다. 나는 책 읽는 시간을 '밤 9~10시'로 정해 놓았는데, 그렇게 하고 나서 한 달에 읽을 수 있는 책이 몇 배나 늘었다.

먼저 에너지 충전부터 완료한다

하고 싶은 일이 손에 잡히지 않을 때는 휴식이 필요하지는 않은지에 관해서도 생각해 봐야 한다. 몸과 마음에 에너지가 부족하면 적극적으로 무언가를 하기가 힘들기 때문이다. '하고 싶은 일'은 일단 제쳐 두고, 쉬면서 에너지를 충전하자.

누워서 쉰다고 해도 일을 생각하며 조급한 마음이 든다면 휴식이라고 할 수 없다. 마음이 쉴 수 있게 하는 것이 중요하다.

먼저 자신에게 알맞은 휴식 방법이 무엇인지 생각해 보자. 내게 효과적인 휴식 방법은 스마트폰 전원을 끄고 15분 정도 바깥 공기와 경치를 즐기며 산책하거나, 드립커피를 내려서 향을 즐기는 것이다. 누워서 쉬지 않아도 마음이 편안해지는 자극을 받아서 '충전을 완료했다!'라는 기분이 든다.

나도 전에는 쉬는 시간이 아깝다는 마음에 성과와 연결되는 행동만을 생각했다. 하지만 '쉼'의 필요성을 인식하고 나서 충전하는 시간을 갖는 편이 훨씬 더 효율적임을 실감했다. 지금은 바쁠수록 산책 시간을 내 보려고 마음먹고 있다.

'정말 하고 싶은 일'이 무엇인지
다시 한번 생각해 본다

일을 시작할 준비도 되었고 에너지도 충분하다. 그런데 의욕이 생기지 않는다. 이러는 이유는 하고 싶은 일이 분명하지 않아서일 수도 있다. 여행을 가고 싶다고 하더라도 관광하고 싶어서인지 혹은 그냥 잠시 일상에서 벗어나고 싶어서인지 등과 같이 목적이 달라지면, 그에 따라 하고 싶은 마음도 바뀌기 마련이다.

만약 단순히 일상에서 벗어나는 것이 목적이라면 테마파크에서 재미있는 볼거리를 즐기는 방법이나 가까운 고급 레스토랑에서 특별한 시간을 보내는 방법도 좋은 대안이 될 수 있다. 정말 하고 싶은 일이 무엇인지 다시 한번 곰곰이 생각해 보면 딱 떠오르는 일이 생길지도 모른다.

내게 알맞은 휴식 방법을 찾는다

❶~❸의 과정을 통해 내게 맞는 휴식 방법을 찾아보자.

휴식 전

❶ 어떻게 휴식할지 생각해 보자.

> 직장과 집안일을 둘 다 책임지고 있는 사람이라면

　　(예) 가족에게 이야기하고 도서관에 가서 좋아하는 책을 읽는다.

휴식 후

❷ 휴식을 통해 깨달은 점을 이야기해 보자.

　　(예) 도서관에 가니 일과 관련된 것이 보이지 않아서 독서에 집중할 수
　　있었다.

　　좋아하는 소설에 빠져들 수 있어서 기분 전환이 되었다.

　　가족에게 이유를 말했기 때문에 눈치 보지 않고 여유 있게 책을 읽
　　을 수 있었다.

❸ 앞으로 어떻게 휴식하면 좋을지 생각해 보자.

　　(예) 한 달에 한 번 도서관 가는 날을 정하고, 그 시간은 나를 위해 쓰겠
　　다고 미리 가족에게 이야기한다.

에너지를 충전하고 행동으로 옮길 수 있게 준비해요

실패할까 봐 무섭다

'잘한 일'에도 눈을 돌려야 해요

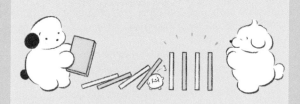

행동에 점수를 매기면 냉정하게 생각할 수 있다

'남편이 모처럼 빨래를 갰는데, 접는 방식이 엉망이어서 오히려 화가 났다.'라거나 이와 비슷한 경험을 한 적이 있을 것이다. 이런 상황이 생기는 이유는 사람은 기본적으로 '잘한 것'보다 '못한 것'에 주목하기 때문이다.

다만, 이런 경향이 너무 강하면 완벽주의나 앞서 이야기했던 '해야 한다는 압박'에 빠질 수 있다. 즉, '~하지 않으면 안 돼.' 또는 '~해야만 해.'와 같은 자신만의 규칙에 얽매여 조금이라도 부족한 점이 보이면 만족감이 전혀 들지 않는 악순환에서 벗어나지 못한다.

'못한 것'에 사로잡혀 힘들 때는 54페이지의 연습하기를 해보자. 먼저 신경 쓰이는 실수나 잘못에 점수를 매기는 것부터 시작한다. 그다음으로는 그보다 조금 높은 점수에 해당하는 사항을 찾아본다. 예를 들어 직장에서 발주를 실수한 일에 대해 100점 만점에 10점을 매겼다면, 15점에 해당하는 일은 무엇일지 생각해 본다.

실수와 잘못 외의 것에 눈을 돌린다

시작한 지점보다 점수가 높은 행동을 하나라도 생각해 내는 것이 중요하다. 반성과 낙담만 하는 상태에서 벗어나지 못하는 이유는 실수와 잘못에만 주목하기 때문이다. 따라서 우선 '잘 못한 나'로 가득 찬 마음속에 '잘한 나'를 입력해야 한다. 그러면 그만큼 실수와 잘못에 대한 주목도가 내려가서 마음이 편안해질 수 있다.

어떤 일이 생각대로 되지 않아서 우울하다면, 먼저 그 일에서 자신에게 조금이라도 높은 점수를 줄 수 있는 부분을 찾아보자. 이런 노력을 계속하다 보면 어느 순간 '잘한 것'에도 눈을 돌릴 수 있게 된다.

충격을 극복하기 위해 필요한 과정이 있다

문제에 대해 반성하기에 앞서서 실수했다는 사실에 대한 충격
으로 머릿속이 가득 찰 때도 있다. 그런 상황에 대비해서 마음
에 충격을 받았을 때 나타나는 진행 과정을 알아 두도록 하자.

충격을 받았을 때 처음으로 느끼게 되는 감정은 '제대로 못
한 내가 문제다.'라는 슬픔이다. 그다음으로 '직장 상사의 지시
가 올바르지 않았기 때문이다.'처럼 자신을 지키기 위한 방어적
인 반응이 나타난다. 이런 감정들을 거치고 나서야 비로소 지
금의 상황을 받아들이고 적응할 수 있게 된다.

이런 마음의 진행 과정은 누구에게나 자연적으로 일어나는
반응이다. 무리하게 막으려고 하면 오히려 더 큰 충격을 가져
올 수 있다.

슬퍼지거나 변명하고 싶어지는 마음이 드는 현상은 그 상황
에 적응하는 데 필요한 과정이다. 이를 명확하게 이해하고 있
다면 자신의 반응에 대해 동요하거나 고민하지 않을 것이다.

내 행동을 점수화한다

①~③의 과정을 통해 내 행동을 객관적으로 판단하는 연습을 해 보자.

① 잘못했을 때 느끼는 감정에 100점 만점으로
점수를 매겨 보자. [예] **30점**

> 거래처와의 약속 시간을 착각해서
> 예정 시간보다 15분 정도 늦게 도착했다.

② **①**보다 조금 높은 점수를 정해 놓고, 그 점수
에 맞는 행동을 찾아보자. [예] **35점**

> 잘못을 반성하면서 다음번에는 어떻게 해야 할지 고민한다.

③ **②**보다 조금 높은 점수를 정해 놓고, 그 점수
에 맞는 행동을 찾아보자. [예] **40점**

> 같은 실수를 하지 않기 위해 내일 일정을 확인해야겠다고 생각한다.

POINT

최종 점수가 100점이 아니어도 괜찮다. **①**의 상태보다 점수가 높은 행동을 한 가지라
도 떠올릴 수 있다면 충분하다. 실수 자체에만 주목하지 말고, 잘못을 반성하고 나아지
고 싶어 하는 나를 찾도록 하자.

'잘한 일'에도 눈을 돌려야 해요

감정의 파도에 휩쓸린다

파도의 존재를 부정하지 말고, 파도에 몸을 맡겨 봐요

감정의 파도를 조절하는 데는 한계가 있다

감정에 파도가 칠 때는 그 파도를 조절할 수 있다면 가장 좋다. 하지만 여기에는 한계가 있다. 감정은 의지만으로는 억제할 수 없기 때문이다(33페이지 참조).

그러면 어떻게 해야 할까? 우리가 원하는 바는 감정의 파도를 받아들이고, 어떻게 행동해야 할지를 아는 것이다.

'기분이 좋은 나'를 떠올려 본다

이때 도움이 되는 방법은 '기분이 좋은 나'와 '기분이 나쁜 나'에 관해 알아 두는 것이다. 60페이지의 연습하기에 설명해 놓은 순서에 따라 각각의 상태일 때 자신에게 일어나는 변화와 느낌 등을 생각해 보자.

참고로 예를 들어 말하자면, '좋은 기분'은 단순히 텐션이 높아지는 느낌이라기보다는 밝고, 웃음이 나오고, 활기가 차 있고, 말이 많아지고, 유머러스해지고, 이성적이 되고, 차분해지는 등 평소와 비슷하지만 '왠지 좋은 느낌'이 드는 상태를 말한다. 이와 반대로, '나쁜 기분'은 말이 없어지고, 금방 화가 나고, 건망증이 심해지고, 다른 사람과 대화하고 싶은 마음이 들지 않는 등의 상태라고 할 수 있다.

신경 쓰이는 일이 있을 때는 앞서 생각해 본 마음의 변화와 느낌 등을 고려하여 지금의 컨디션을 확인한다. 그리고 '기분이 나쁜 나'의 상태라면 '좋은 기분'이 되기 위해 무엇이 필요한지 생각해 보자.

맛있는 커피를 마시거나, 반려동물과 놀거나, 마음에 드는 공원을 산책하는 등 자신을 스스로 위로할 수 있을 만한 여러 행동을 '도구'로 생각하자는 이야기다. 이런 도구를 마음속에 많이 갖고 있는 것이 중요하다. 내 경우를 예로 들어 보면, 내가 생각하는 가장 좋은 도구는 '로드 자전거(road bike)'다. 꼭 타지 않더라도 자전거 부품을 바라보거나 가볍게 먼지를 닦아 주기만 해도 기분이 좋아진다.

'도구'를 선택할 때 주의할 사항

'도구'는 무엇이든 상관없지만, 도구를 선택할 때는 주의가 조금 필요하다. 예를 들어 SNS에 부계정을 만들어 폭언을 쏟아내는 행동을 '도구'로 사용한다고 해 보자. 분명히 그 순간에는 개운해지고 '좋은 기분'이 된 듯한 느낌이 들 수도 있다. 하지만 자신이 쓴 글에 비판과 악플이 달린다면 어떻게 될까? 마음에 상처를 입고 '기분이 나쁜 나'로 다시 돌아갈 것이다.

'도구'를 선택할 때는 조금 더 긴 안목을 갖고, 그 도구를 사용하면 자신의 심신에 생긴 혼란을 가라앉혀 줄 수 있을지 생각하는 것이 중요하다. 따라서 사용했을 때 자신에게 상처를 줄 가능성이 있는 도구는 피해야 한다.

'기분이 좋은 나'와 '기분이 나쁜 나'를 알아 둔다

❶~❷의 과정을 통해 '기분이 좋은 나'가 될 수 있게 해 주는 도구를 생각해 보자.

❶ '기분이 좋은 나'와 '기분이 나쁜 나'에 관해 최대한 생각해 보자.

(예)

기분이 좋은 나	기분이 나쁜 나
자연스럽게 웃음이 난다.	불쾌한 말을 들었을 때 흘려버리지 못한다.

❷ '기분이 나쁜 나'를 '기분이 좋은 나'로 만들 수 있는 '도구'를 최대한 구체적으로 생각해 보자.

(예) **마음에 드는 카페에서 케이크를 먹는다.**

> 효과 카페에 가는 길에서부터 기분이 좋아진다.

일을 멈추고 마사지를 받으러 간다.

> 효과 혼자만의 시간을 보낼 수 있고, 몸의 피로를 풀 수 있다.

아무 생각 없이 방을 정리한다.

> 효과 방을 정리하면서 머릿속도 정리된다.

파도의 존재를 부정하지 말고, 파도에 몸을 맡겨 봐요

무심결에 과음한다

의지로 억누르려 하지 말고, 예방할 환경을 만들어요

적정량을 넘어선 음주를 계속하면
몸에 심각한 문제가 생긴다

술을 마시면 기분이 들뜨고 힘든 일도 잊을 수 있다. 하지만 음주를 계속하면 알코올에 내성이 생겨서 잘 취하지 않게 되기 때문에 어느샌가 음주량이 늘어나게 된다.

"술은 백약(百藥)의 으뜸이다."라는 말이 있지만, 이는 적당히 마셨을 때나 통하는 이야기다. 습관적으로 지나치게 음주하면 평상시에는 무언가 결여된 느낌을 받고, 술에 대한 욕구를 느끼게 된다. 또, 적정량을 넘어선 음주를 오래 지속하면 몸에도 심각한 문제가 생길 수 있다.

알코올 의존증(중독) 진단을 받지 않았더라도 음주와 관련한 문제를 가진 사람이 많다. 자신의 적정량이 어느 정도인지 알고 잘 조절하는 것이 중요하다.

고독감과 피로감 때문에
술을 마신다면 주의해야 한다

일반적으로 술을 마시기 전에 '왜 술을 마시는지'에 관해 생각하는 일은 별로 없을 것이다. 하지만 술을 마시는 이유가 고독감과 피로감을 없애기 위해서나 분노를 해소하기 위해서라면 주의가 조금 필요하다. 괴로움이 알코올에 의해 해소되는 듯이 느껴지는 현상은 일시적인 기분이다. 그런 좋지 않은 감정은 술이 깨면 다시 느껴지고, 또다시 술을 마시는 일을 반복하게 된다. 그 결과 적정량을 넘는 음주가 습관화되어 건강을 해치는 상황이 발생할 수도 있다.

그리고 심심함을 달래기 위해 술을 마시며 시간을 때우는 일도 피해야 한다. 취미를 갖거나 집안일을 하거나 봉사활동을 하는 등 생활 속에서 자기 시간을 충실하게 보낼 수 있도록 고민하는 것이 중요하다.

'마실 수 없는 환경'을 만든다

술을 많이 마신다는 신호의 한 가지는 건망증이 심해지는 것이다. 다녀온 술집이 어디였는지, 어떻게 집에 왔는지 생각나지 않는 등 기억이 완전히 사라져 버린 적이 있다면, 이는 자신의 음주량이 한계를 넘어섰다는 증거다. 이런 일이 생기면 술 마시는 방식에 관해 다시 생각해 볼 기회로 삼아야 한다.

주량을 줄이려면 의지력에만 의존하지 말고, 환경을 바꾸는 것이 중요하다. 밖에서 술을 마신다면 귀가하는 시간을 정해 놓아야 한다. 조금 더 구체적으로는 핸드폰에 알람을 설정하거나, 가족에게 귀가 시간에 맞춰 전화해 달라고 하는 방법도 있다. 또, 집에서 마실 때가 많다면 술을 많이 사 두지 않는 방법이 있다. 다시 말해서 음주가 적정량을 넘어서지 않도록 물리적인 환경을 만드는 것이 핵심이다.

그래도 술을 마시고 싶은 기분을 억누를 수 없다면, 다음 페이지의 연습하기를 활용하여 '술을 마시고 싶은 욕구'를 파악하고, 그 욕구를 이겨 낼 방법을 찾아보도록 하자.

연습하기 **술을 마시고 싶은 욕구를 이겨 내는 방법**

❶~❺의 과정을 통해 술을 마시고 싶은 기분에 관해 생각해 보자.

❶ 지금 술을 마시고 싶은 마음을 점수로 표시해 보자.

예) 0 10 20 30 40 50 60 70 80 90 100

마시고 싶지 않다　　　　　　　　　　　　　　　　　　　마시고 싶다

❷ 술을 마시지 않을 자신감을 점수로 표시해 보자.

예) 0 10 20 30 40 50 60 70 80 90 100

눈앞에 술이 있다면 반드시 마신다　　　　　눈앞에 있어도 마시지 않는다

❸ '술을 마시고 싶다'는 욕구를 이겨 낸 경험을 떠올려 보자. 그런 경험이
　없다면 ❹로 넘어간다.

　　예) 유튜브에 올라와 있는 재미있는 영상을 보면서 마음을 가라앉히고,
　　　　항상 마시던 맥주 대신 알코올이 들어 있지 않은 음료수를 마셨다.

❹ ❸에 작성한 경험을 참고하여 술을 마시고 싶은 욕구를 억제할 방법을 생각해 보자.

> ※ ❸에서 '술을 마시고 싶다'는 욕구를 이겨 낸 경험이 전혀 없다면, ❷에서 '술을 마시지 않을 자신감'을 1점이라도 올릴 방법을 생각해 본다.

ⓔ 유튜브에서 재미있는 영상을 찾아본다.

❺ 다시 한번 술을 마시지 않을 자신감에 점수를 매겨 보자.

ⓔ
| 0 | 10 | 20 | 30 | 40 | 50 | 60 | 70 | 80 | 90 | 100 |

눈앞에 술이 있다면 반드시 마신다　　　눈앞에 있어도 마시지 않는다

애사가 불분명하다

불분명한 마음의 성분을 분석해 봐요

감정을 무시하려고 해도
없던 일로 만들 수는 없다

바쁘다고 말하면서도 직장 동료들과 술을 마시러 가는 애인. 함께 있을 때는 즐겁지만, 어쩐지 기분이 좋지 않다.

"싫어!"라고 단호하게 말할 수도 없고 불분명하게만 느껴지는 '막연한 기분'은 다루기 힘든 감정이다. 상대에게 내 의사를 전달하고 싶어도 설명하기 힘들고, 적절한 대응책도 모르기 때문이다.

그러다 보면 결국 상황을 외면하게 된다. 하지만 애써 못 본 척해 봐야 이미 싹튼 감정은 사라지지 않고 점점 쌓여만 갈 뿐이다.

막연한 기분의 정체를
알기만 해도 개운해질 수 있다

막연한 기분 때문에 생기는 불쾌감에서 벗어나려면 그 속에 담긴 내용을 자세하게 살펴보는 방법이 효과적이다. 73페이지의 연습하기를 활용하여 지금 자신의 기분에 가장 가까운 상태를 찾아보고, 그 비율도 생각해 보자. 이 과정을 통해 '외로움 70%+질투 30%'와 같은 식으로 불분명했던 감정의 성분을 알수 있다. 정체불명이었던 기분에 '외로움', '질투' 등과 같은 이름을 붙이면 자신을 객관적으로 볼 수 있게 된다. 이와 동시에 그런 감정이 일어나는 원인도 생각해 볼 수 있다.

불분명한 마음을 분석하는 일은 몸살이 났을 때 열을 재는 일과 비슷하다. 체온이 38도라는 사실을 알게 된다면 몸살의 원인이 열 때문이라고 판단할 수 있다. 그러면 몸을 쉬게 하거나 해열제를 먹는 등의 적절한 조치를 취할 수 있다.

하지만 원인을 제대로 알지 못한 채로 적당히 넘어가면 점점 더 힘들어진다. 또, '운동으로 기분을 전환해서 고친다.'라는 등의 잘못된 대처를 해서 증상을 악화시킬 가능성도 있다.

물론 열이 난다는 사실을 알았다고 하더라도 몸살이라는 증상은 그대로 존재한다. 하지만 몸살의 원인을 정확하게 알면 적절한 대처와 대응법을 생각하는 데 효과적이기 때문에 증상의 개선에 한 발 더 다가설 수 있다.

자신의 감정을 다루는 주도권을 가진다

막연했던 기분의 성분을 명확하게 파악한 다음에는 그 감정을 상대에게 이야기하는 방법을 추천한다. "나는 당신과 보내는 시간이 적어서 외로워."처럼 '나'를 주어로 한 '아이메시지'(171페이지 참조)로 이야기해 보자.

물론 상대에게 말하고 싶지 않거나 용기가 생기지 않는다면 무리하게 서둘러 말할 필요는 없다. 하지만 당장 이야기하지 않더라도 '언제든 이야기할 수 있지만, 지금은 때가 아니야.'라고 마음먹는 것이 중요하다. 즉, 그 감정을 다루는 주도권은 '상대가 아니라 내게 있다'는 사실을 명확하게 알고 있어야 한다.

그러면 '나는 내 기분의 정체를 정확하게 알고 있으므로 내가 원하는 타이밍에 상대에게 내 마음을 제대로 전할 수 있다.'라고 생각할 수 있다. 그런 의식이 생기면 설령 상대의 행동이 신경 쓰일 때도 해소의 수단이 준비되어 있으므로 마음에 여유가 생긴다.

'감정의 성분표'를 만든다

❶~❸의 과정을 통해 분명하지 않은 감정의 정체를 알아보자.

❶ 아래 표에서 지금 내 상태에 해당하는 감정을 전부 골라 보자.

불안	우울	분노	죄책감
부끄러움	슬픔	곤란함	흥분
두려움	조바심	걱정	자랑스러움
열중함	공황	불만	신경질적임
지긋지긋함	상처	유쾌	실망
격노	무서움	즐거움	초조
굴욕감	안심	애정	외로움

❷ ❶에서 선택한 감정들이 각각 전체의 몇 %를 차지하고 있는지 생각해 보자.

→ (예) 슬픔 … 40%

　　 불안 … 30%

　　 초조함 … 20%

　　 조바심 … 10%

❸ 이런 감정을 다른 사람에게 전할 때, 어떤 표현으로 이야기하면 좋을지 생각해 보자. 비율이 높은 감정을 우선으로 하고, '나'를 주어로 사용하여 말하는 것이 핵심이다.

　(예) 나는 지금 슬픈 기분이 들어서 우울해.

어차피 안 될 거로 생각한다

'실패했던 과거'보다 '현재'로 눈을 돌려요

부정적인 기억은 때로는 확대해석된다

A 씨는 결혼정보회사에 등록했지만, 마음에 드는 사람을 만나지 못했다. 이 사실을 알게 된 B 씨가 자기 친구를 소개해 주려고 했지만, A 씨는 "어차피 잘 안될 거야."라며 거절했다. 결혼정보회사의 커플 매칭과 친구의 소개는 완전히 성격이 다르다. 하지만 A 씨가 '잘 안될 거야.'라고 결론 내린 이유는 과거의 한정된 경험만으로 지금의 자신을 평가했기 때문이다.

과거에 일어난 일은 '결혼정보회사를 통해 사람을 찾았지만 성공하지 못했다'는 것이다. 그 이유는 서비스가 불충분했기 때문일지도 모르고, 어쩌다 보니 A 씨와 맞는 사람이 없었기 때문일지도 모른다. 하지만 A 씨의 마음에는 '좋은 사람을 만나지 못했다.'라는 부정적인 기억만 남아 있다. 그 한 가지 경험을 확대해석하여 '나는 이성과 만날 수 없는 사람'이라고 생각하는 오류를 범한 것이다.

'지금 할 수 있는 일'을 찾는다

사람이 실패의 경험에 끌려다니는 이유는 부정적인 기억이 자기 마음을 움츠러들게 하기 때문이다. 하지만 그렇다고 무리해서 긍정적으로 생각하려고 노력할 필요는 없다.

과거의 경험에 얽매이지 않기 위해서는 '현재'에 주목하려는 태도가 가장 중요하다. 앞서 이야기했던 사례에서도 A 씨에게 B 씨가 소개해 주는 사람과 당장 데이트할 마음이 생기지 않더라도, 나중을 생각해서 B 씨에게 그 사람의 어떤 점이 자신과 어울릴 것 같은지를 물어보는 정도는 가능했을 것이다.

조건과 상황을 바꾸면 지금 당장 할 수 있는 일이 생긴다. 그 부분에 주목해야 과거에 얽매이지 않고 앞으로 나아갈 수 있다.

100점 만점이 아니더라도
도전하는 행동에는 가치가 있다

'지금 할 수 있는 일'을 행동으로 옮길 때 주의해야 할 점이 한 가지 있다. 바로 100점을 목표로 하지 않는 것이다. 예를 들어 친구가 누군가를 소개해 줘도, 그 관계가 자신이 바라는 결혼까지 이어지지는 않을 수 있다. 어떤 관계에 대해 50점 정도의 점수를 매겼다고 해 보자. 이때 '100점을 맞지 않으면 무의미하다.'라고만 생각한다면 결국 제자리걸음이 된다. 그리고 다시 과거에 사로잡혀서 실패를 겁내어 도전을 멈추게 된다. 그러면 자신감은 점점 사라진다.

100점만을 목표로 하다 보면 그 도달점에 이르지 못하는 '잘못한 나'에 대한 생각으로 이어질 수 있다. 이런 일이 반복되면 '지금 할 수 있는 일'로 좀처럼 나아가지 못하게 된다. 지금 할 수 있는 일을 해서 얻어 낸 50점에는 미래를 향해 1mm라도 앞으로 나아갔다는 가치가 있다. 이런 가치가 쌓이면 새로운 일에 도전할 수 있는 자신감으로 이어진다.

지금 할 수 있는 일을 찾는다

❶~❸의 과정을 통해 지금 할 수 있는 일을 찾아보자.

❶ 내가 '할 수 없다'고 느끼는 일을 말해 보자.

　(예) 리더로서 팀을 이끄는 일

❷ ❶에 대해 내가 '노력해도 할 수 없는 일'이라고 생각하는 이유(한계)를 말해 보자.

　(예) 나보다 능력 있는 사람이 너무 많아서 팀을 이끄는 데 한계를 느낀다.

❸ 지금 할 수 있는 일을 생각해 보자.

　(예) 다른 사람의 이야기를 잘 들어 주기 때문에 팀원들의 의견에 귀를 기울이고, 각 팀원의 장점에 대해 피드백할 수 있다.

　　팀원 개개인이 어떤 타입인지 생각하여 그 사람의 특성에 맞게 일을 나눠 줄 수 있다.

　　팀원들이 가르쳐 준 새로운 프로그램 사용법은 금방 익힐 수 있을 듯해서 도전해 보려고 한다.

POINT

❷에서 말한 '한계'를 구체적으로 말하자면, '하루 만에 이루거나 달성할 수 없다.'라고 느끼는 것이다. 예를 들어 많은 사람 앞에서 말하기 힘들어하는 사람이 하루 만에 강단에 혼자 설 수 있는 사람으로 바뀌는 데는 무리가 있다. 그 이외에 내가 잘할 수 있는 것 혹은 금방 할 수 있는 것 중에서 '지금 할 수 있는 일'을 찾아보자.

'실패했던 과거'보다 '현재'로 눈을 돌려요

우울한 감정에서 벗어날 수 없다

'힘들 때의 나'를 알기만 해도 한 발 앞으로 나아갈 수 있어요

단순한 감정도 생각이 깊어지면 복잡해진다

분노와 공포처럼 단순한 감정은 순간적으로 생겨난다. 부엌에서 커다란 벌레를 본 순간 겁에 질려 "악!"하고 소리를 지르는 상황이 그런 사례다.

이와 다르게 '우울함'은 생각하면 할수록 점점 더 빠져든다. 예를 들어 일하다 실수를 저질렀다고 해 보자. 그렇다고 해도 그 순간에 갑자기 우울함이 느껴지지는 않는다. 처음 느끼는 감정은 대부분 놀라움이나 불안일 것이다.

실제로는 나중에 그 실수에 관해 계속 생각하는 동안 일을 제대로 마무리하지 못했다는 후회나 실수에 대한 부끄러움 등과 같은 여러 감정이 생겨난다. 그리고 결국에는 우울함에 빠지게 된다. 처음에는 단순한 감정이었지만, 우울함에 빠지면 여러 감정이 섞여 들어와서 자신이 지금 어떤 감정을 느끼고 있는지도 모르는 상태가 될 때가 많다.

힘들 때 자신이 어떻게 반응하는지를 알아 둔다

우울함을 완화하는 방법 중 하나로 자신에게 부정적인 감정이 들었을 때 어떤 반응이 나타나는지를 알아 두면 좋다. 생각하는 동안 불편할 수는 있겠지만, 과거의 나쁜 기억을 떠올려 보자. 그리고 그때의 감정과 자신의 상태를 적어 본다.

감정이 크게 요동치면 생각지도 못한 반응이 나올 때가 있다. '슬퍼서 울었다.'처럼 단순하게 적지 말고, '목소리가 떨렸고 눈물이 났다. 다음날 일을 제대로 할 수 없었다.'처럼 몸과 마음에 나타났던 반응을 구체적으로 떠올려야 한다.

같은 종류의 감정이라도 '애인과 헤어진 슬픔'과 '상사에게 야단맞은 슬픔'에서는 느끼는 감정도, 반응도 다르다. 생각해 낼 수 있는 만큼 최대한 자세하게 정리해 두도록 하자.

반응을 예측하면 불안감이 적어진다

자신에게 자주 일어나는 반응을 알았다고 해서 근본적으로 괴로움이 사라지지는 않는다. 눈물이 나는 이유는 슬픔 때문일 수도 있고, 목소리가 떨리는 이유는 긴장과 분노 때문일 수도 있다. 하지만 부정적인 감정에 의해 생겨나는 자신의 반응을 알고 있으면 나중에 비슷한 상황에 놓였을 때 자신에게 일어날 일을 예측할 수 있다.

예를 들어 '나는 충격을 받으면 심장이 떨려서 제대로 생각도 못 할 거야.'라고 마음의 준비를 할 수 있다. 또, '며칠 간은 잠도 제대로 못 잔다.'라거나 '슬픈 일이 있으면 밥을 못 먹는다.'라는 등의 반응을 미리 알고 있다면 이에 대비하여 컨디션을 조절할 수도 있을 것이다. 생각할 수 있는 범위 내의 반응이라면 괴로움은 지속되더라도 불안과 놀람은 적어지기 때문에 행동을 제어하기가 수월해진다.

연습하기 **'힘들 때 내게 나타나는 반응'을 살핀다**

❶~❷의 과정을 통해 힘들 때 내게 나타나는 반응을 예측해 보자.

❶ 과거에 겪은 힘들었던 순간을 떠올린다.

❷ 그때의 감정과 생각, 몸에 나타난 반응 등을 기억해 보자.

참고 감정과 생각의 예시

불안, 우울, 분노, 죄책감, 부끄러움, 슬픔, 곤란함, 흥분, 두려움, 조바심, 걱정, 공황, 불만, 신경질적임, 지긋지긋함, 상처, 실망, 격노, 무서움, 초조함, 굴욕감 등

참고 몸에 나타난 반응의 예시

두근거림, 두통, 관자놀이가 지끈지끈함, 머리가 무거워짐, 머리가 멍해짐, 현기증, 다리가 휘청거림, 땀이 남, 손발이 떨림, 허리가 아픔, 어깨가 결림, 얼굴이 뜨거워짐, 핏기가 사라짐, 목소리가 떨림, 호흡이 거칠어짐, 호흡이 빨라짐, 숨쉬기가 힘듦, 정신이 아찔해짐, 몸에 힘이 빠짐 등

(예)

힘들었던 순간	감정과 생각	몸에 나타난 반응
직장에서 발주를 실수하여 고객에게 클레임이 들어왔다.	고객이 소리치며 따지니 너무 무서웠다.	가슴이 두근거리고 눈물이 날 것 같았다.

POINT

이 과정을 진행하는 도중에 만약 기억을 떠올리는 행위 자체만으로도 감정적이 될 것
같다면 일단 중지한다.

조급한 마음 때문에
침착할 수 없다

할 일을 정리하여 우선순위를 정해 봐요

중요한 일을 미루면 불안해진다

실제로 할 일이 많지 않은데도 초조함을 느끼는 이유는 우선순위를 잘 정하지 못하기 때문일지도 모른다. 먼저 하는 편이 좋은 일을 뒤로 미루면 '오늘 중에 이것도 해야 하고, 저것도 해야 한다.'라는 생각에 조급한 마음이 든다.

나는 일의 우선순위를 정할 때 A와 B로 나눈다. A는 '빨리 해야 하지만 중요하지는 않은 일', 그리고 B는 '빨리 할 필요는 없지만 중요한 일'이다. 두 종류 중에서 먼저 하는 일은 B다. 중요한 일부터 우선 마무리하는 편이 안심이 되기 때문이다.

만약 A를 먼저 하면 중요하지 않은 일에 너무 많은 시간을 사용하게 되고, 저녁이 되어서야 겨우 B를 시작하는 상황이 생긴다. 그러면 충분한 시간을 들이지 못하기 때문에 중요한 일에 대한 마무리가 허술해진다. 그리고 중요한 일이 남아 있다는 생각이 들면 다른 일을 하는 동안에도 초조함을 느껴 집중이 잘 안된다.

불안감을 없애기 위해 사전준비를 한다

불안감이나 초조함을 느낄 때는 더욱 침착하게 작전을 세워야 한다. 그러기 위해 효과적인 방법은 해야 할 일 리스트를 만드는 것이다. 나는 매일 아침 노트에 그날 해야 할 일들을 적고, 5분 정도 시간을 들여서 그 리스트에 관해 생각한다. 'A 씨에게 메일 답장하기'처럼 사소한 일이라도 빠짐없이 작성해서 해야 할 작업을 전부 눈으로 볼 수 있게 만든다. 그러면 일의 흐름을 정리할 수 있을 뿐만 아니라, 글로 쓰는 과정을 거치는 동안 마음도 차분해진다.

초조함은 스트레스를 느낄 때 일어나는 반응 중 한 가지다. 긴장했을 때 땀이 나는 현상과 비슷해서 '서두르면 안 돼.'라고 의식하고 노력해도 나아지지 않는다. 따라서 '나는 이런 상황에서 쉽게 불안해진다.'라는 사실을 미리 알아 두면 효과적이다. 마음의 준비가 되어 있으면 초조한 상황에서도 '무엇을 할 수 있을까?'와 같이 건설적인 생각을 할 수 있기 때문이다.

당황하지 않을 수 있는
환경을 만드는 것도 중요하다

온라인 강의를 할 때 자료 공유가 제대로 되지 않아서 당황했던 적이 있다. 나는 당황하면 컴퓨터 조작이 더욱 서툴러지기 때문에 결국 동료에게 부탁하여 위기를 모면했다.

나처럼 실수나 잘못을 저질러도 '그런 걸로 허둥대다니 한심해.'라고 생각할 필요가 없다. 경험을 통해 배우고, '당황하지 않을 수 있는 환경'을 만들면 된다.

나는 그때의 실수를 반성하고, 사전에 컴퓨터가 제대로 되는지 확인하기로 마음먹었다. 그렇게 하니 그 이후로는 온라인 강의에서 침착하게 수업을 진행할 수 있었다.

침착해지는 마음의 주문을 준비한다

당황했을 때 마음을 가라앉히는 '주문'을 준비해 보자. 마음이 차분해지면 주변 상황에
더 잘 대응할 수 있다.

❶ 실행하기 좋은 나만의 '주문'을 정한다.

❷ ❶의 행동을 하루에 여러 번 반복해서 몸에 익힌다.

주문의 예

· 껌을 씹는다.

· 심호흡을 한다.

· 가슴에 손을 얹고,
  속으로 '괜찮아.'라고 말한다.

· 눈을 감는다.

· 가볍게 기지개를 켠다.

· 손을 마사지한다.

· 물이나 차를 마신다.

· 일단 자리를 벗어난다.

· 화장실에 간다.

· 조금 걷는다.

· 어깨를 위아래로
  올렸다 내렸다 한다.

· 좋아하는 사진을 본다.

POINT

확실한 효과를 얻기 위해서는 여러 번 반복할수록 좋지만, 때와 장소에 맞춰 무리가 없
는 선에서 하도록 한다.

할 일을 정리하여 우선순위를 정해 봐요

항상 이유 없이 불안하다

'현재를 살고 있는 나'를 바라봐요

불안은 목숨을 지키는 데 필요한 감정이다

불안은 인간이 본능적으로 소유한 방어 반응 중 한 가지다. 불안감을 전혀 느끼지 못한다면 숲속에서 곰을 만나도 사진을 찍으러 다가갈지 모른다. 그래서는 목숨이 몇 개가 있어도 부족하다. 위험으로부터 몸을 지키기 위해서라도 불안감은 없으면 안 되는 감정이다.

불안을 '살기 위한 방어 반응'이라고 생각한다면, 불안감이 느껴지는 현상은 자신이 '현재를 제대로 살고 싶다'는 증거라고 볼 수도 있다. 즉, 불안은 우리가 희망을 품고 살아가기 위한 필수적인 요소다.

불안할 때는 '일상'과 마주한다

"지금부터 북극곰에 관해서는 절대 생각하지 않도록 한다."

이렇게 말하면 지금 우리는 무슨 생각을 하게 될까? 아마도 머릿속이 북극곰에 관한 생각으로 가득해질 것이다.

이는 '북극곰 실험'이라고 불리는 유명한 심리학 실험이다. 인간은 생각하면 안 된다고 생각할수록 더욱 의식하게 된다는 사실을 증명하는 실험이다.

불안도 북극곰과 마찬가지다. 불안하고 고통스러울 때 '절대 불안감을 느끼지 않겠어.'라고 의식적으로 생각하면 오히려 역효과가 생긴다. 생각하지 않으려 할수록 머릿속에서 불안감이 더 빨리 증식하기 때문이다.

불안을 잘 다스리려면 '일상'으로 눈을 돌리는 방법이 효과적이다. 일상생활을 보내는 것 자체가 '현재를 잘 살고 있다'는 증거이기 때문이다. 먼저 96페이지의 연습하기를 활용하여 지금 자신이 무엇을 하고 있는지 재확인해 보자. 그 내용을 생각하다 보면, 우리가 무의식적으로 하는 일이 굉장히 많다는 사실을 깨닫게 될 것이다. 즉, 우리는 불안을 안고 살아가지만, 나름대로 잘 살고 있다는 뜻이다.

현재에 집중하면 불안에서 멀어진다

불안감이 들면 무의식적으로 좋지 않은 방향으로 상상하게 된다. 그런 식의 상상은 어떤 일이 바라는 대로 되지 않더라도 큰 충격을 받지 않을 수 있다는 점에서 마음을 지키는 데 도움이 되기도 한다. 하지만 그 상상이 지나치면 결과를 알기 전까지 굉장히 괴로운 시간을 보낼 수밖에 없다.

어떤 일이 원하는 대로 되지 않을까 봐 불안할 때는 최악의 결과보다 한 발 더 나아가 생각해 보자. 예를 들어 자격증 시험을 봤다면, 불합격을 전제로 하고 다음 시험 일정을 알아보거나 좋은 문제집을 찾아보는 등 이후의 대책을 계획하고 실행하는 식이다. 결과적으로 불필요한 일이 될 수도 있지만, '지금 할 수 있는 일'을 하다 보면 불안에 떠는 시간이 크게 줄어든다.

내가 잘 살고 있음을 깨닫는다

❶~❹의 과정을 통해 일상 속의 작은 행동들에 눈을 돌려 '잘 살고 있음'을 재확인해
보자.

❶ 평소의 삶에서 실제로 하는 행동을 말해 보자.

　⟮예⟯ 매일 아침 일어나서 식사 후에 양치질을 한다.

❷ 일과 사회생활에서 실제로 하는 행동을 말해 보자.

　⟮예⟯ 회사에 출근할 때 지각하지 않는다. 이웃 사람들에게 인사한다.

❸ 생활과 관련해서 실제로 하는 행동을 말해 보자.

　⟮예⟯ 매일 저녁을 만들어 먹는다. 쓰레기 분리수거를 한다.

❹ 불안한 기분이 들 때도 이런 일상을 지속하려면 어떤 생각과 행동이 도
움이 될지 생각해 보자.

　⟮예⟯ 사람에게서 불안감은 빼놓을 수 없는 감정이다. 불안감을 느끼는
　　　 이유는 '제대로 살고 싶다'는 마음 때문이라고 생각한다.
　　　 양치질이 즐거워질 수 있도록 마음에 드는 치약을 산다.
　　　 수면 부족으로 컨디션이 나빠지면 충분히 잘 수 있도록 노력한다.

'현재를 살고 있는 나'를 바라봐요

우리는 때때로 다른 사람과 자신을 비교하여
열등감을 느끼기도 하고, 누군가와 말이 잘 통하지 않아
화가 날 때도 있다. 그래도 다른 사람과 함께
살아가야 한다는 사실은 피할 수 없다.
그럴 때 도움이 되고, 정신적으로 의지할 수 있는
사고방식과 실용적인 대응 방법들을 정리했다.

CHAPTER 2

다른 사람의
말과 행동이 만드는
스트레스

신경 쓰이는 이런 일, 저런 일

다른 사람과 나를 비교한다

'나'라는 친구에게 조언해 줘요

다른 사람과 비교하면 '패배'할 수밖에 없다

영업 실적이 좋은 직장 선배 A와 좋은 결과를 내지 못한 자신을 비교하면 '선배는 잘하고, 나는 못한다.'라고 생각하게 된다. 하지만 다른 사람과 비교하는 행위에는 결국 '패배'밖에 없다. 그 의미에 관해 생각해 보자.

'영업 실적이 좋다'는 점은 A 선배가 잘하는 부분이다. 그리고 '결과를 내지 못한다'는 점은 자신이 못하는 부분이다. '잘하는 부분'과 '못하는 부분'을 그대로 비교하는 것은 처음부터 말이 되지 않는 일이다.

그렇다면 자신이 '잘하는 일'을 비교 재료로 사용하면 어떨까? 'A 선배는 복장이 조금 촌스러운 느낌이라 옷 입는 센스는 내가 더 낫다.'처럼 말이다.

물론 이렇게 생각하면 순간적으로 '이겼다!'라는 기분이 들지도 모른다. 하지만 기분 좋은 순간은 그때뿐이다. 이겼다는 사실에 만족해서 상대를 내려다보는 시점부터 자신의 성장은 멈춰 버린다. 그렇게 성장하지 못한 상태에서 언젠가는 A 선배

이외의 다른 사람과 자신을 비교하는 상황이 생길 것이다. 그리고 분명 자신보다 옷 입는 센스가 좋은 사람과 만나서 패배하는 날이 올 것이다.

이처럼 다른 사람과 자신을 비교하는 일에는 무조건 '패배'가 기다리고 있다. 자신이 부족하다는 괴로움에서 벗어나고 싶다면 다른 사람과 비교하는 행위 자체를 그만두는 것이 가장 좋다.

자신에게도, 그리고 다른 사람들에게도 각자 '잘하는 것'과 '못하는 것'이 있다. 일부분만을 비교하여 '승리'와 '패배'로 나누어 생각해 봤자 결국에는 자신을 스스로 궁지에 몰 뿐이다. 한순간 이긴 듯해 보여도 언젠가는 패배할 승부를 굳이 할 필요는 없다.

다른 사람의 시선으로 자신에게 조언한다

다른 사람과 비교해서 좋을 것이 하나도 없는데도 도무지 비교를 멈출 수가 없을 때는 다음 페이지의 연습하기를 해 보자.

가장 중요한 사항은 '다른 사람에게 조언하는 입장'이 되는 것이다. 주관적으로 보면 부정적인 생각에 빠지기 쉽다. 하지만 한 발 물러서서 객관적으로 바라본다면 다른 관점에서 상황을 인식할 수 있다.

'다른 사람에게 하는 조언'이라는 설정이지만, 그 순간 떠오르는 생각은 자신에게 하는 조언이 된다. 이론적인 말이나 무조건적인 긍정 표현은 다른 사람에게 들으면 오히려 불쾌하게 느껴질 때도 있다. 하지만 자신에게 듣는 말이라면 조금 더 쉽게 받아들일 수 있을 것이다.

또, 생각난 조언대로 따르지 않아도 문제는 없다. 이 과정을 통해 얻어야 하는 정말 중요한 것은 부정적인 생각이 아닌 또 다른 생각을 스스로 찾아낸다는 점이다. 그렇게 해서 자신에게 스스로 조언하는 것만으로도 한 층 더 성장할 수 있다.

연습하기 다른 사람의 시선으로 조언하기

❶~❸의 과정을 통해 다른 사람과 비교하는 괴로움에서 벗어나 보자.

❶ 다른 사람과 나를 비교할 때 나타나는 감정을 말해 보자.

> (예) SNS에서 친구의 즐거워 보이는 사진을 보고 우울해졌다.

❷ ❶에서 떠오른 생각을 말해 보자.

> (예) 나는 외향적인 성격이 아니라서 재미없는 인생을 살고 있다고 생각했다.

❸ ❷와 같은 생각으로 고민하는 사람이 있다면, 그 사람에게 어떤 조언을 해 줄 수 있을지 생각해 보자. 가까운 사람과 대화한다고 생각하며 해 봐도 좋다.

(예)

대화 상대	조언
친구	SNS는 원래 즐거워 보이는 사진밖에 올리지 않아. 실제로는 우리랑 별로 다르지 않을 거야.
형제자매	SNS가 인생의 전부는 아니니까 그렇게 우울해할 필요 없어.
애인	어쩌면 네가 올렸던 사진도 누군가가 보기에는 부럽게 느껴졌을 수도 있어. 마찬가지일 거야.

'나'라는 친구에게 조언해 줘요

직장 상사를 대하기가 힘들다

직장 상사의 짜증을 전부 감당할 필요는 없어요

부정적인 감정의 표현은 듣는 이에게 상처를 준다

정말 실수를 저질렀다면 상사에게 주의를 받을 수밖에 없다. 하지만 아무리 내 잘못이라고 해도 짜증 날 때가 있다. 물론 상사가 차분한 말투로 "다음부터는 잊지 말고 확인하세요."라고 이야기한다면 순순히 "네. 정말 죄송합니다."라고 고개를 숙이고 사과할 수는 있을 것이다.

하지만 기분 나쁜 표정과 말투로 "왜 확인 안 했어?"라고 말하며 한숨을 푹 쉰다면 듣는 입장에서도 당연히 기분이 나빠진다. 이 차이는 직장 상사의 말과 행동에 감정이 들어 있기 때문에 생겨난다. 이처럼 부정적인 감정이 담긴 말은 듣는 사람에게 상처를 준다.

실수한 사실과 다른 사람의 감정을 분리한다

상사가 그렇게 행동하지 않게 할 수 있으면 좋겠지만, 안타깝게도 다른 사람의 행동을 바꾸는 일은 정말 어렵다. 그러므로 자신의 괴로움을 줄이기 위해 그 행동을 받아들이는 방법을 바꿔 보도록 하자.

이 방법의 기본은 자신이 실수한 '사실'은 받아들이지만, 그 때문에 상사가 짜증을 내는 행위는 '상사의 문제'라고 생각하는 것이다. 짜증이 나는 감정은 상사가 스스로 대처해야 하고, 다른 사람에게 푸는 일은 정말 잘못된 행동이다. 그러므로 그 짜증을 받는 사람이 그걸 풀어 줘야 한다거나, 고지식하게 반론할 필요는 없다.

그렇다고 해도 감정 섞인 말을 들으면서 냉정을 유지하기는 쉽지 않다. 그래서 어린 시절 내가 이런 상황을 극복하기 위해 생각해 낸 방법이 있는데, 이름하여 '우주인 작전'이다. 감정적인 말을 쏟아내는 사람을 만나면, 그 사람을 우주인이라고 생각하는 것이다. '저는 지구인이라 당신의 말이 하나도 이해가 안 돼요.'라고 생각하면 상대의 감정을 차단할 수 있고, 스트레스를 많이 줄일 수 있다.

'자신을 위한 말'만 받아들인다

다른 사람의 이야기에서 꼭 받아들여야 하는 부분은 적절한 조언, 즉 '나를 위해 해 주는 말'뿐이다. 여기에 더하여 상대의 감정까지 받아들여야 할 필요는 없다. 직장 상사의 짜증 때문에 자신도 불쾌해져야 하는 상황은 굉장히 이상한 일이기 때문이다.

누군가의 말 때문에 기분이 나빠질 것 같을 때는 '저 사람은 어쩌면 우주인일지도 몰라.'라고 생각해 보면 어떨까? 그렇게 자신과 다른 사람의 마음을 분명하게 구분하여 상대의 감정에 휘말리지 않도록 하자.

연습하기 **상대의 감정과 내 감정을 구분한다**

❶~❺의 과정을 통해 상대의 감정에 휩쓸리지 않는 연습을 해 보자.

❶ 과거에 있었던 불편한 상황을 떠올려 보자.

　　⟨예⟩ 직장 상사에게 연락 실수를 지적받았다.

❷ ❶의 상황이 신경 쓰였던 이유를 생각해 보자.

　　⟨예⟩ 상사의 행동에 상처받았다.

❸ ❶의 상황에서 했던 상대의 말과 행동을 떠올려 보자.

　　⟨예⟩ "연락하는 건 상식이지. 그런 것도 몰라?"라며 무시하듯 말했다.

❹ ❸에 대한 내 반응을 떠올려 보자.

　　⟨예⟩ 위축되어 아무 말도 할 수 없었다.

❺ 다음에 같은 일이 생기면 어떻게 대처할지 생각해 보자.

　　⟨예⟩ 실수에 대해서는 사과하고, 기분 나쁜 말은 한 귀로 듣고 흘려버린다.

직장 상사의 짜증을 전부 감당할 필요는 없어요

17
case

그 사람은 왜 못할까?

내가 세운 기준을 강요하면 안 돼요

모든 사람이 자신과 같을 수는 없다

내가 관리직이 된 지 얼마 안 되었을 때의 일이다. 다른 관리자들과 함께 미팅할 때마다 '왜 다들 일을 이렇게 하지?'라는 떨떠름한 생각이 들었다. 간호사는 전문직이다. 모두가 같은 교육을 받고 같은 기준으로 일할 텐데, '나는 하고 있지만 남들은 하지 않는 것'이 너무 많이 눈에 띄었다.

그렇다고 해서 딱히 내가 뭐라고 할 생각은 없었지만, 그 답답한 마음이 내 태도에 드러났는지 어느 날 상사가 내게 이렇게 이야기했다.

"같은 관리자라고 해도 개인 능력이나 사무 경험은 서로 달라요. 코세코씨처럼 잘하는 사람도 있지만, 그렇지 못한 사람도 있어요. 나와 다른 사람은 서로 다르다고 이해해 줬으면 좋겠어요."

상사의 말이 너무나 깊이 와닿았다. 그때까지 나는 같은 일을 한다는 이유로 내가 할 수 있는 일은 당연히 다른 사람도 할 수 있다고 믿었다.

다른 사람이 '나만의 규칙'에서 벗어나는 것은 당연하다

당연한 이야기지만, 사람은 개인마다 모두 다르다. 하지만 나는 같은 일을 하고, 간호사들만의 공통 언어를 공유하고 있다는 이유로 주변 사람들이 나와 똑같이 생각하고 행동할 것이라고 믿었다. 그 때문에 '이런 상황에서는 이렇게 해야 한다.'라는 내 가치관을 다른 사람들에게도 강요하려 했다. 그리고 내 마음대로 만들어 낸 '나만의 규칙'에서 벗어난 사람들을 마음속으로 책망했다.

같은 일을 하더라도 잘하는 사람이 있고, 못하는 사람이 있다. 그 일을 얼마만큼 중요하게 생각하는지에 따라 느끼는 우선순위와 성의도 달라진다. 따라서 '이렇게 해야 한다.'라는 내 기준을 그대로 남에게 강요하는 데는 처음부터 무리가 있었다.

상대에게 알맞은 수준으로 부탁해야 더욱 자연스럽다

상대의 일 처리 방법에 의문을 품었을 때 갖춰야 하는 자세는 '대체 왜 저래?'라고 조바심을 내는 것이 아니라 상대를 이해하는 것이다. '내가 할 수 있는 것=다른 사람도 할 수 있는 것'이라는 마음을 버리고, 먼저 상대의 능력과 경험, 사고방식 등부터 확인하도록 하자. 그리고 자신이 바라는 바와 상대가 할 수 있는 일을 합쳐서 본다.

이렇게 만들어 낸 합의점을 선택해야 자신과 상대 모두에게 좋다. 그래야 '왜 이런 것도 못하지?', '왜 그렇게 무리한 소리를 하지?'라고 생각하는 서로의 관점 차이를 줄일 수 있다.

상대를 존중하면서도 내가 원하는 바를 이야기하고 싶을 때는 '보느제대'의 키워드를 명심하자.

(예)

직원들이 다음 달 일정을 아직 제출하지 않았다.

(예)

모든 직원의 일정이 모이지 않으면 취합 작업을 할 수 없어서 곤란하다.

(예)

"다음 달 상반기 일정만이라도 오늘 중에 줄 수 있을까요?"

(예)

"내일모레까지 기다리면 한 달 치 일정을 정리해서 줄 수 있을까요?"

내가 세운 기준을 강요하면 안 돼요

말이 제대로
전달되지 않아서 답답하다

내 세상과 상대의 세상은 규칙이 서로 다를지도 몰라요

전제가 다른 대화는 어긋날 수밖에 없다

만약 어떤 사람이 "아침에 힐 크라임에 가서 커피를 마셨다."라고 이야기를 시작한다면, 우리는 과연 어떤 상황을 떠올릴 수 있을까?

그 사람이 하고 싶었던 이야기는 "아침에 로드 자전거를 타고 산길을 올랐고, 산 정상에서 미리 준비해 간 커피를 마셨다."라는 내용이다. 하지만 로드 자전거에 관한 지식이 없다면, '힐 크라임'이라는 카페에서 모닝커피를 마셨다고 이해해도 이상하지 않다.

이렇게 대화가 어긋나는 원인은 '이야기의 전제'가 맞지 않았기 때문이다. '힐 크라임'은 자전거에 관심 없는 사람이 알기 힘든 단어이므로 정확한 의미를 파악할 수 없는 것이 일반적이다.

만약 여기서 그치지 않고 "도중에 헬멧이 벗겨져서 큰일 날 뻔했어."라고 이야기를 이어 나간다면, 우리는 그 사람이 카페에서 헬멧을 쓰고 커피를 마시는 모습을 상상하며 상대를 이상한 사람이라고 생각하게 될지도 모른다.

누가 맞는지를 따지면 힘들어진다

하고 싶은 말이 상대에게 잘 전달되지 않으면 '말을 왜 못 알아 듣지?'라는 생각에 답답한 기분이 들 것이다. 하지만 그렇다고 해서 자신과 상대 중에 누가 옳은지를 따지기 시작하면 관계가 틀어질 수도 있다.

대화가 자주 어긋난다고 느낀다면 상대와 이야기의 전제를 맞추고 대화해야 한다는 사실을 다시 한번 명심할 필요가 있 다. 서로의 지식과 생각을 일치시켜야 대화가 잘 통하기 때문 이다.

'~가 당연하다.'라는 생각이 통용되는 장소는 '자기 세상'뿐이 다. 상대에게도 마찬가지로 본인만의 '당연함'이 있다는 사실 을 잊으면 안 된다. 대화가 제대로 성립하려면 '자기 세상'과 '상 대의 세상' 사이에서 서로 공감할 수 있는 공통 언어를 사용해 야 한다.

일단 멈추고 전제를 확인하는 습관을 들인다

예를 들어 '자기 세상'에서는 강연을 의뢰받았을 때, 자료를 준비하고 원고를 정리하여 강의 연습을 해 두는 일이 당연하다고 해 보자. 하지만 여기서 일단 멈추도록 하자.

그리고 강연 담당자에게 "이렇게 준비하려고 하는데 어떨까요?"라고 확인해 보자. '상대의 세상'을 알기 위해서는 직접 물어보는 방법이 가장 좋다. 이 단계에서는 서로의 생각에 차이가 있으면 얼마든지 수정할 수 있기 때문에 준비한 자료가 무의미해지는 상황은 생기지 않을 것이고, 강연 당일에도 강연 담당자나 수강자들과 전제가 맞춰진 상태에서 강의를 진행할 수 있을 것이다.

'이것이 당연하다.', '저것이 맞다.' 등과 같은 생각은 '자기 세상'에 빠져들고 있다는 신호다. 일을 시작하기 전에 일단 멈춰서 '상대의 세상에서 당연한 일은 무엇일까?'를 생각해 보도록 하자.

대화의 전제를 갖추기 위한 3단계

❶~❸의 과정을 통해 내 의도를 상대에게 이야기할 때 오해가 생기지 않도록 하는 능숙한 질문 방법에 관해 생각해 보자.

❶ 내가 가장 전달하고 싶은 내용을 한마디로 정리해 보자.

> (예) 바쁠 때는 먼저 작업을 끝낸 사람이 다른 사람들의 작업을 도와줘야 한다.

❷ **❶**과 같이 생각하는 이유를 말해 보자.

> (예) 그렇게 하지 않으면 일부 사람에게만 일이 집중되어 매일 야근해야하는 상황이 생긴다.

❸ **❷**의 근거에 따라서 **❶**을 질문으로 바꿔 보자.

> (예) "야근하는 사람을 줄이기 위해 바쁠 때는 서로 일을 도와주면 좋을 듯한데, 어떻게 생각하나요?"

POINT

❶의 메시지를 그대로 전달하면 상대에게 '남의 일을 나한테 떠넘기는 거 아니야?'라는 오해를 살 수 있다. 오해 때문에 불쾌해하는 상대를 보면 당연히 말한 사람도 기분이 좋지 않을 것이다. 하지만 **❸**의 예처럼 제안의 배경을 잘 설명하고 상대의 입장을 확인하면 서로 불편해지는 상황을 방지할 수 있다.

내 세상과 상대의 세상은 규칙이 서로 다를지도 몰라요

고집 때문에
다른 사람과 부딪힌다

'내가 잘못 알았을 수도 있다'는 전제를 두고 사실을 재확인해요

'내가 맞다'는 생각이 틀렸을지도 모른다

이전에 있었던 온라인 강연에서의 일이다. 녹화된 강의 영상이 분명히 전날까지 메일로 와 있어야 했는데 보이지 않았다. 순간 화가 나서 "메일 보내는 날짜가 바뀌었으면 미리 연락을 주셨어야죠!"라고 메일을 보냈다.

하지만 알고 보니 그쪽에서는 이미 며칠 전에 영상을 보냈다. 보내기로 한 날짜도 바꾸지 않았고, 내가 메일을 받지 못한 이유도 단순히 내가 메일 계정을 잘못 알고 있어서였다. 완전한 내 착각이었다.

착각은 누구나 경험한다. 자신이 잘못 알고 있을 가능성은 언제나 열려 있다. 하지만 그런 상황에 대해서는 조금도 생각해 보지 않고 먼저 상대부터 책망한 원인은 '내가 무조건 맞다.'라는 오해 때문이었다.

'내가 틀렸을지도 모른다'고 생각하면 대응이 바뀐다

같은 일이 벌어져도 이런 오해가 없었다면 대응이 달라졌을지도 모른다. 영상이 보이지 않은 이유가 시스템 문제였을 수도 있었고, 보내는 날짜가 바뀌었다는 연락이 오지 않았을 수도 있었다. 고려해 볼 만한 변수는 여러 가지였다.

찾아볼 수 있는 범위 내에서 확인해 봐도 이유를 알 수 없었을 때 문의 메일을 보내는 방법도 있었다. 하지만 메일을 보낼 때도 내가 착각하고 있을지도 모른다고 생각했다면, 그렇게 강한 어조가 아니라 단순히 메일 발송 일정을 확인하는 정도로만 메일을 쓰지 않았을까 생각한다.

상상이 아니라 사실에 눈을 돌린다

'내가 맞다.'라는 생각은 과거에 겪었던 나쁜 경험에서 비롯되었을 수도 있다. 그래서 불쾌한 일을 당할 수도 있을 만한 상황에 예민해지고, 상대가 저지른 잘못을 자기 탓으로 돌리지는 않을까 걱정하는 등 부정적인 상상을 필요 이상으로 하게 된다. 실제로는 아무 일도 일어나지 않았는데도 괴로움을 느낀다. 결국에는 자신을 지키기 위해 미리 상대를 공격한다.

과거의 힘들었던 경험을 떠올리고 괴로움을 느끼는 현상은 자연스러운 반응이다. 의식적으로 억누르려고 할 필요는 없다. 하지만 그 감정을 너무 직설적으로 표현하면 자신에게도, 상대에게도 상처가 될 수 있다.

그래서 '내가 느끼는 감정을 그대로 말로 표현하지 않겠다.'라고 마음먹는 것이 중요하다. 자신을 괴롭히는 감정이 사실이 아니라 상상을 토대로 하여 만들어졌을 수도 있기 때문이다.

상대를 책망하고 싶어진다면 일단 멈춘 다음, '내가 틀렸을지도 몰라.'라는 전제를 두고 사실에 기반하여 생각해 보자.

그 한 가지 과정을 통해 상대에게 하는 행동이 크게 바뀔 수
도 있다.

더 나은 의사 전달 방법을 생각한다

❶~❸의 과정을 통해 더 나은 의사 전달 방법을 연습해 보자

❶ 상대가 틀렸다는 생각이 들어도 바로 말하지 말고 참아 보자.

> 회사 동료에게서 업무에 필요한 메일의 답장이 오지 않았을 때

> (예) '이런 중요한 메일에 답장을 안 한다니, 일을 정말 이상하게 하네.'

❷ '상대가 맞고, 내가 틀렸을지도 모른다'고 전제했을 때 떠오르는 생각을 말해 보자.

> (예) 평소에는 답장을 잘 한다.
> 지난번에 받은 메일함을 정리할 때 실수로 업무 메일까지 지웠을지 도 모른다.

❸ ❷를 염두에 두고 의사 전달 방법을 생각해 보자.

> (예) "어떤 이유인지 모르겠지만, 메일이 오지 않았어요. 시간 날 때 다 시 한번 보내 주시겠어요?"

POINT

'상대가 틀렸다.'라고 생각했는데, 확인해 보니 내 실수였던 경험은 종종 하게 된다. 그러므로 상대에게 의사를 표현하기 전에 잠깐 행동을 멈추고 생각하는 버릇을 들여 두면 좋다. 우리의 삶은 '누가 옳은지'에 대한 승부로 귀결되지 않는다. 상대의 실수를 지적했다고 해서 '승리'하는 것도 아니며, 반대의 경우도 마찬가지다. 승부를 가리는 듯한 기분을 버리고 침착하게 의사를 전달할 방법을 생각해 보자.

친구를 도와줄 수 없어서
무력감을 느낀다

'현실적인 대응'이 상대에게 도움이 돼요

'내가 할 수 있는 일'에는 한계가 있다

친한 친구가 힘든 일로 고민하고 있으면 자연스럽게 도와주고 싶다는 생각이 든다. 하지만 고민의 성질과 친구의 마음 상태에 따라 도와줄 수 없는 일도 생길 수 있다. "회사 부장이 이상한 놈이라 짜증이 난다."라고 하면 이야기를 잘 들어 주거나 같이 욕을 해 주면서 고민을 어느 정도 해소하게 도와줄 수 있다. 하지만 "부장의 음모에 말려들어 지방으로 좌천당해서 힘들다."라는 내용이라면 개인의 힘으로 해결하기 힘들다.

위로해 주거나 응원해 주는 정도라면 친구로서 손쉽게 해 줄 수 있다. 하지만 회사와 싸우거나 지방 발령을 취소시키는 등의 일은 관련 전문가의 도움이 필요하다. 또, 고민의 내용이 무엇이든지 간에 지나치게 우울해 있거나 건강에 문제가 생긴 수준이라면 상담사나 의사 등에게 도움을 받을 필요가 있다.

자기 기분부터 정리하고 어떻게 할지 생각한다

상담해 주는 사람에게 중요한 덕목은 '균형 잡힌 대처'다. 자신을 믿고 의지하는 친구의 기대에 부응하지 못해서 괴롭다고 느낀다면, 먼저 자기 기분을 정리하는 일부터 시작하도록 하자.

어떤 고민이라도 해결해 줄 수 있다면 좋겠지만, 현실적으로는 그럴 수 없다. 한 사람의 인간으로서 할 수 있는 일에 한계가 있는 것은 당연하다. 문제를 해결해 줄 수 없다고 해서 자신을 스스로 '차가운 사람' 혹은 '능력 없는 사람'이라고 책망할 필요는 없다.

자기 기분을 정리해야 하는 이유는 친구의 괴로움에 같이 휩쓸리지 않기 위해서다. '도와주고 싶다.', '도움이 되고 싶다.'라는 생각이 너무 강하면 하루 종일 같이 붙어 있는 등의 극단적인 방법을 선택할 수도 있다. 자신이 할 수 있는 일의 범위를 넘어서면 결과적으로 자신과 친구 모두가 힘들어질 수 있다.

현실적인 대응책은 최고와 최악의 중간에 있다

어느 정도 기분을 정리했다면, 이제 자신이 할 수 있는 일을 찾아보자. 이때 '최고의 시나리오'와 '최악의 시나리오'를 생각해 두면 도움이 된다. 최고의 시나리오에서 자신은 친구의 고민을 순식간에 해결해 주는 해결사다. 하지만 최악의 시나리오에서 자신은 괴로워하는 친구를 위해 아무것도 해 주지 않는 차가운 사람이다.

굳이 극단적인 시나리오를 생각해 보라고 하는 이유는 현실적인 절충안으로 눈을 돌리기 위해서다. '최고'도 '최악'도 아닌 중간, 점수로 표현하면 100점 만점에서 40~60점 정도가 '실제로 할 수 있는 일'이다. 그중에서 지금 당장 자신이 할 수 있는 일을 선택하도록 하자.

'최고'와 '최악'의 시나리오를 만든다

❶~❸의 과정을 통해 현실적인 대응책을 생각해 보자.

❶ 내가 선택할 수 있는 최고의 시나리오를 만들어 보자.

   (예) 친구의 고민에 정확히 맞는 조언을 해서 문제가 깨끗이 해결되었다.

❷ ❶과 반대로 최악의 시나리오를 만들어 보자.

   (예) 친구의 이야기를 제대로 듣지 않고 흘려버렸다.

❸ ❶을 100점, ❷를 0점이라고 할 때, 40~60점에 해당하는 행동을 찾아 보자.

0점 ⟵─────────────●─────────────⟶ 100점
                  50점

   (예) 맞장구를 쳐 주며 이야기를 잘 들어 준다.
       힘들 때는 언제든지 연락하라고 말해 준다.

POINT

'40~60점에 해당하는 행동'을 찾는 핵심적인 방법은 '최고의 시나리오'와 '최악의 시나리오' 사이에서 선택할 수 있는 '현실적인 시나리오'를 찾는 것이다. 지금 당장 내가 해 줄 수 있어 보이거나 그 방법을 유지하고 있어도 내가 지치지 않을 수 있을 듯한 대응법을 생각해 내면 좋다.

'현실적인 대응'이 상대에게 도움이 돼요

자랑질이 싫다

나를 평가할 수 있는 사람은 오직 나 자신뿐이에요

자신감이 떨어지기 때문에 다른 사람을 내려다본다

내게도 다른 사람의 자랑질 때문에 힘들었던 시기가 있었다. 그 상대의 말과 행동 때문에 하루하루가 스트레스였다. 좀처럼 나아질 기미가 보이지 않아서 '그 사람은 왜 다른 사람들을 얕보는 듯이 행동하는 걸까?'에 관해 생각했다. 그때 내렸던 결론이 다음의 세 가지다.

① 자의식 과잉이 심해서 우월감에 빠져 있기 때문이다.
② 자신이 얕잡아 보이는 상황을 피하려고 먼저 공격적인 태도를 취한다.
③ 자신도 남에게 얕잡아 보이면 상처를 받으면서도, 다른 사람에게 같은 행동을 할 때 상대의 기분을 생각하지 못한다.

나름대로 이유를 생각해 보고 나니, 마음의 동요가 조금 가라앉았다. 자랑질은 다른 사람을 내려다보며 상대적으로 본인을 높이는 행위다. 하지만 누가 보더라도 본인이 우위에 있다면 일부러 상대를 얕볼 필요가 없을 것이다. 자랑질을 하고 싶어지는 이유는 자신감이 없고, 인생을 충실하게 보내지 못하고 있기 때문이라는 사실을 알게 되었다.

자랑질을 참지 못하는 것은 그 사람의 문제다

동료들과 잡담하던 중에 별생각 없이 스마트폰을 새로 샀다고 이야기했는데, 이 말을 들은 A 씨가 "그거 렌즈 전환이 안 되는 타입이죠? 제 스마트폰은 접사 촬영도 되는데"라며 본인의 스마트폰이 더 좋다고 자랑하기 시작했다. 이렇게 갑자기 얕보는 식의 말을 들으면 불쾌한 기분이 들 수 있다.

하지만 사실 A 씨의 행동을 신경 쓸 필요는 없다. 그 이유는 자랑질을 할 때 문제가 있는 쪽은 '자랑질을 하는 사람'이기 때문이다. 본인을 스스로 돌아보고 마음을 정리해야 하는 사람도 '자랑질을 하는 사람'이다. 그 과정에서 우리가 할 수 있는 일은 아무것도 없다.

일방적으로 자랑질을 하고 싶어 하는 태도는 그 사람에게 무언가가 충족되어 있지 않다는 증거다. 그러므로 '그래요. 참 잘나셨네요.'라고 생각하고 넘어가는 편이 가장 좋다.

자랑질에 당하는 것은 자신의 일부분일 뿐이다

하지만 머리로는 이해해도 감정은 그렇지 않다. 그런 식으로 무례한 행동을 당하면 화가 나거나 속상할 수 있다.

그럴 때는 상대가 얕보고 있는 부분은 '내 일부분'에 지나지 않는다는 사실을 깨달아야 한다. 자랑질을 하는 사람은 본인이 우위에 설 수 있는 지점을 찾아 매달리고 있을 뿐이다. 그런 편협한 평가를 그대로 받아들일 필요는 없다.

다른 사람이 뭐라고 하든지 간에 자신을 평가할 수 있는 사람은 오직 자신밖에 없다. 자랑질을 하고 싶어 하는 사람의 말에 자신의 소중한 시간을 빼앗기지 않도록 하자.

자랑질이 보잘것없다는 사실을 인지한다

❶~❷의 과정을 통해 자랑질에 당했던 경험에 대해 분석해 보자.

❶ 자랑질에 당해서 불쾌했던 경험을 말해 보자.

> ㉠ 여름 방학 때 국내 여행을 다녀왔다고 이야기했더니, "나는 국내는 너무 많이 다니다 보니 질려서 파리에 다녀왔어. 국내 여행으로 만족할 수 있다니 돈이 안 들어서 좋겠다."라는 말을 들어 화가 났다.

❷ 내 생활 전체를 100%라고 봤을 때, ❶의 내용은 그중 어느 정도 비율을 차지하는지 생각해 보자.

> ㉠ 여행은 좋아하지만, 가끔 갈 뿐이다.
> 평소에는 영화 보기가 취미고, 여행은
> 내 생활의 아주 일부분에 불과하다.

POINT

'내가 100%로 노력하는 일'에서 자랑질에 당했다고 생각하는 사람은 자신을 구성하는 요소를 객관적인 시선으로 봤을 때도 100%인지 다시 한번 생각해 보도록 하자.

(참고 자신을 구성하는 요소의 예)

> 가족에서의 역할, 친구와의 관계, 회사(학교)에서의 위치, 취미와 특기, 지금 공부하는 것

나를 평가할 수 있는 사람은 오직 나 자신뿐이에요

후배를 끼도하기가 힘들다

멀리서 지켜보는 것이 오히려 더 도움될 수 있어요

상대를 위해 어떻게 하면 좋을까?

A 씨가 지도하고 있는 후배 B 씨는 아직 일 마무리가 서투르다. 이번에도 납품 기일을 놓쳤고, 거래처에 양해를 구해야 했는데 연락도 하지 않았다. 이를 지켜보던 A 씨는 참지 못하고 B 씨 대신 거래처에 연락하여 사과했다. B 씨가 연락하는 일을 어려워한다는 점은 이미 알고 있었고, 직접 연락하는 모습을 한번 보여 주면 B 씨가 앞으로 어떻게 해야 할지 배울 수 있으리라고 생각했기 때문이다.

하지만 B 씨는 그 이후에도 같은 실수를 반복했다. 업무 능력을 기르려는 의욕이 느껴지지 않았고, 업무를 도와줘도 감사하다는 말조차 하지 않아서 A 씨는 점점 화가 났다.

지나치게 도와주면 상대는 성장하지 못할 수도 있다

의존증 치료에서 '인에이블링(Enabling)'이라는 용어를 사용할 때가 있다. 이는 상대를 도와주는 행위가 오히려 문제 행동을 조장하게 되는 상황을 말한다.

A 씨의 행동을 B 씨의 관점에서 다시 보도록 하자.

'내 실수로 납품 기일이 늦어졌으니 거래처에 연락하여 사과해야 했다. 하지만 내가 머뭇거리고 있으니 A 씨가 대신 연락해 줬다. 운이 좋았다.'

결과적으로 실수를 저지른 장본인인 B 씨는 전혀 불편한 경험을 하지 않았다. 이를 통해 B 씨가 배운 점은 문제를 해결하는 방법이 아니라, 힘든 일은 A 씨가 대신 해 준다는 사실이다.

그리고 이후에 같은 일이 발생해도 B 씨는 또다시 이전에 배운 대로 할 것이다. 스스로 행동하지 않고 A 씨가 도와주기를 기다릴 것이다.

대신 해 주는 서포트가 아니라
지켜보는 서포트를 한다

이런 악순환을 끊기 위해서는 A 씨가 행동을 바꿀 필요가 있다. 먼저 'B 씨가 실수해도 곤란하지 않은 상황'을 만든 사람이 A 씨 본인이라는 사실을 깨달아야 한다. 그리고 B 씨가 해야 할 일을 앞서서 해 주지 말아야 한다.

B 씨가 주체적으로 성장하는 모습은 지도를 맡은 A 씨가 바라는 바이기도 하다. B 씨가 거래처에 연락하지 못하고 망설인다면, 양해를 구하는 방법을 가르쳐 주는 정도까지만 하고, 그 이후의 모습을 지켜보면 된다.

'거래처가 화를 낼지도 몰라서 걱정된다.'라는 불안은 B 씨가 스스로 이겨 내야 한다. 그 상황을 A 씨가 대신 해결해 줄 필요는 없다. 무언가를 '해 주고 싶다'는 생각이 들 때는 행동하기 전에 먼저 '그 행동이 정말 상대방을 위한 일인지, 그리고 그런 일이 반복되면 내가 힘들어지지는 않을지' 고민해야 한다.

과하지 않게 도와주는 방법을 찾는다

❶~❷의 과정을 통해 내가 힘들지 않은 선에서 후배가 성장할 수 있는 방법을 찾아보자.

❶ 지금까지 상대를 위한다는 마음으로 했던 일을 생각해 보자.

(예) 내 시간을 희생하여 후배가 해야 하는 작업을 도와줬다.

❷ 아래의 I~III 중에서 힌트가 될 만한 내용을 찾아서 ❶ 대신에 할 수 있는 일을 생각해 보자.

I   후배의 성장으로 이어지지 않을 일은 하지 않는다.

II   후배가 본인 행동의 문제점을 깨달을 수 있는 방법을 찾는다.

III 내 마음을 후배에게 이야기한다.

(예) 작업을 멈추고, "지금 해야 하는 일이 무엇인지 알겠어요?" 혹은 "지금까지는 도와줬지만, 앞으로는 스스로 한번 해 보세요."라고 후배에게 이야기한다.

POINT

'작업을 대신 해 주지는 않더라도, 지시를 내리는 정도는 괜찮을까?'라고 의문을 가질 수 있다. 하지만 지시를 내리는 일도 지나치면 '과한 지도'가 될 가능성이 있다. 그러면 후배는 작업과 관련한 기술은 능숙해지지만, 업무 전체에 관한 능력은 발전하지 못할 것이다. 될 수 있으면 참고 지켜보는 서포트를 하도록 하자. 예를 들어 후배가 질문하거나 상담을 원할 때 함께 고민해 주는 정도는 후배의 성장에 방해가 되지 않는 좋은 지도 방법이라고 할 수 있다.

멀리서 지켜보는 것이 오히려 더 도움될 수 있어요

다른 사람과
똑같지 않아서 불안하다

아마도 전부 똑같이 되고 싶지는 않을 거예요

모든 면에서 다수파에 들어가기는 불가능하다

생각이나 취향, 생활방식 등은 사람마다 다르다. 하지만 사실 세상에는 '다수파=정답'이라고 생각하는 분위기가 만연해 있다. 자신이 다수파에 속해 있지 않으면 마음이 불편하게 느껴지는 현상은 이상한 일이 아니다.

또, 유행하는 게임을 하지 않거나, 유행하는 물건, 유행하는 식당을 모르면 대화가 통하지 않아서 남들에게 재미없는 사람으로 취급받을 수도 있다. 이처럼 다수파가 되지 않으면 다른 사람들과 어울리기 힘들다는 점도 '남들과 똑같아지고 싶은 이유' 중 한 가지다.

하지만 같은 게임을 하고, 같은 브랜드의 가방을 사고, 같은 연예인을 좋아한다고 해도 자신은 다른 사람들과 엄연히 서로 다른 존재다. 자기 삶의 모든 부분이 다수파에 들어가기는 애초부터 불가능하다.

'똑같지 않아도 괜찮다'는 마음을 가진다

이런 사실을 염두에 두고 다시 생각해 봐야 할 점은 '다른 사람과 같아지고 싶은 부분'과 '같지 않아도 되는 부분'을 분리하는 것이다. 이렇게 구분할 때는 자신의 감각에 따르면 된다.

이에 관해서는 조금 구체적으로 생각해 보면 이해하기 쉽다. '스마트폰 기기는 다른 사람들처럼 최신 기종을 쓰지만, 요금제는 저렴한 옵션을 선택한다.' 혹은 '다른 사람들과 요즘 아이돌에 관해 이야기할 수는 있지만, 공연이나 행사에는 굳이 가지 않는다.'처럼 자기 마음과 여건을 중심으로 나눠 보자. 그러면 무엇을 어디까지 남들과 똑같이 할지 선을 그을 수 있다.

사람에게 가장 큰 불안감을 안겨 주는 요인은 '모르는 것'이다. 막연하게 다른 사람과 똑같지 않다는 사실을 두려워한다면 모든 면에서 신경 쓰일 수밖에 없다. 하지만 남들과 똑같이 되고 싶은 부분이 무엇인지 정확하게 안다면 자신이 해야 하는 일이 무엇인지도 알 수 있다. 이처럼 앞을 내다볼 수 있는 시야가 생기면 불안감도 줄어든다.

목표를 정하고 행동하면 불안감은 가라앉는다

어쩌면 내가 다른 사람과 똑같아지고 싶은 부분이 지금 당장 그렇게 될 수 없는 일일지도 모른다. 그럴 때는 목표를 달성하기 위해 '지금 할 수 있는 일'을 찾아서 시작해 보자. 예를 들어 '나도 다른 친구들처럼 결혼하고 싶다. 하지만 상대가 없어서 불가능하다.'라고 생각하고 포기할 필요는 없다. 먼저 주변 친구들을 통해 소개받거나, 결혼정보회사를 이용하는 등 조금씩이라도 노력해 보자.

이때 자신에게 알맞은 목표를 정하고, 그에 맞춰 행동하려는 태도가 중요하다. 만약 당장 목표를 달성하지는 못하더라도 다음에 어떤 행동을 하면 목표에 조금 더 가까이 다가갈 수 있을지를 생각해야 한다.

같아지고 싶은 점이 무엇인지 생각한다

❶~❸의 과정을 통해 다른 사람들과 같아지고 싶은 점을 구분하고, 시야를 넓혀 보자.

❶ '다른 사람들과 같아지고 싶은 것'은 무엇이고, 그렇게 되려면 어떻게 해야 할지 생각해 보자.

> 예 옷이나 가방 등은 직장 동료들과 비슷한 수준이 되고 싶다.

❷ ❶ 중에서 지금 바로 할 수 없거나 가질 수 없는 것을 말해 보자.

> 예 명품 가방

❸ ❷를 실현하거나 얻기 위해 지금 당장 할 수 있는 일을 생각해 보자.

> 예 매일 도시락을 만들어 점심 식사 비용을 절약한다.

POINT

열심히 절약했지만 목표로 한 금액에 도달하지 못했다고 해도 괜찮다. 그때가 되면 '명품 가방은 사기 힘들지만, 좋은 옷이라면 살 수 있겠다.'라고 조금 더 넓은 시야에서 생각하게 될 수도 있다. 또, '굳이 이렇게까지 노력해서 남들과 똑같은 가방을 살 필요는 없다.'라는 마음이 들 수도 있다. 어쨌거나 결과적으로 '남들과 같아지고 싶은 점'을 정확하게 알고 그 목표를 위해 행동했다는 사실이 중요하다.

아마도 전부 똑같이 되고 싶지는 않을 거예요

부탁받으면 거절하지 못한다

내가 받아들일 수 있는 선을 정해 두면 편해요

'부탁하는 입장'에서는 어떻게 생각할까?

'거절하면 미움받을까 봐 거절하지 못한다.' 이런 마음가짐으로는 다른 사람의 부탁을 전부 들어주다 과부하가 걸릴 수 있다. 나도 그런 경험이 있다.

그런데 정말 다른 사람의 부탁을 거절하면 미움을 살까? 부탁하는 입장에서 한번 생각해 보자. 회사에서 해야 할 일이 많이 쌓여서 동료 A 씨에게 도움을 부탁했다. 그런데 동료 A 씨는 "미안하지만 저도 마감이 가까운 일이 있어서 지금은 여유가 없어요."라고 대답했다.

이때 A 씨가 밉다는 생각이 들까? 아마도 그렇지 않을 것이다. 부탁을 거절당한 이유는 단순히 타이밍이 나빴기 때문이라고 받아들이지 않을까? 부탁하는 사람의 관점에서 바라보면 '거절=미움'이라는 생각은 단순히 자신의 편견이었다는 사실을 깨닫게 될 것이다.

상대의 기대 수준을 분명하게 확인한다

어떤 일을 부탁받으면 '기대에 부응하고 싶다.'라는 마음과 거절하기 힘들다는 마음이 서로 연결될 때도 있다. 물론 의뢰자의 만족도를 높이기 위해 노력하는 태도는 나쁜 일이 아니다. 하지만 상대의 기대 수준을 확인하지 않고 일을 시작하여 필요 이상으로 열심히 하다 보면 오히려 자신이 힘들어지는 상황을 맞이할 수도 있다. 그렇게 되지 않도록 먼저 상대가 무엇을 어디까지 기대하여 일을 의뢰했는지부터 확인하자.

내 경험을 토대로 봤을 때, 상대의 기대 수준을 확인해 보면 정작 내가 생각한 수준보다 높지 않았고, 대부분 내가 할 수 있는 범위 이내의 일이었다. 이 또한 입장을 바꿔 생각해 보면 쉽게 알 수 있다. 일반적으로 다른 사람에게 무언가를 부탁할 때는 상대의 능력을 고려해서 부탁한다. 그 이상의 일을 부탁하는 경우는 애초에 없다. 그러므로 상대의 기대 수준을 확인하는 과정은 아주 중요하다.

먼저 자기 능력부터 파악한다

그런데 상대의 기대 수준을 확인해 보니 아무래도 자기 능력 밖의 일 같을 때도 있다. 거절하고 싶지만 상대가 정말 많이 곤란해 보이고, 평소에 도움을 많이 받은 사람이라 그렇게 쉽게 거절하기 힘들 수도 있다.

이럴 때는 다음 페이지의 '해 줄 수 있는 범위'를 정하는 연습하기를 해 보자. 과부하가 걸려서 결국 일을 끝내지 못하면 자신도 상대도 모두 곤란해질 수 있다. 자신이 도와줄 수 있는 범위를 정확하게 알고, 상대에게 제안하는 행동은 회피가 아니라 성실한 대응이다.

'해 줄 수 있는 범위'를 정한다

❶~❸의 과정을 통해 부탁을 거절하고 싶지만 거절하기 힘들 때, 내가 해 줄 수 있는 범위가 어디까지인지 생각해 보자.

❶ 나에 대한 상대의 기대 수준을 확인해 보자.

> 강연회에서 사회를 부탁받았을 때

> (예) "내 목소리가 좋고 말을 잘하니까."라고 이야기했다.

❷ ❶에 대해 내가 해 줄 수 있는 범위와 조건을 생각해 보자.

> (예) 사람들 앞에 서면 긴장하기 때문에 즉흥적인 진행은 힘들다. 대본을 준비해 주면 할 수 있을 것 같다.

❸ ❷를 상대에게 어떻게 이야기할지 생각해 보자.

> (예) "긴장을 많이 하는 성격이라 솔직히 자신은 없어요. 하지만 대본을 준비해 주시면 한번 해 보겠습니다."

POINT

갑작스럽게 부탁받으면 어떻게 대답해야 좋을지 당황스러울 때도 있을 것이다. 그럴 때는 바로 대답하지 말고, 일단 위의 내용을 생각할 만큼의 시간을 확보하도록 하자. 바로 대답해야 한다면 기한을 물어보거나, 내 상황을 솔직하게 이야기하는 방법을 추천한다.

> (예) "언제까지 말씀드리면 될까요?"
> "지금 하는 일이 얼마나 걸릴지 확인한 뒤에 말씀드려도 괜찮을까요?"

내가 받아들일 수 있는 선을 정해 두면 편해요

0과 100밖에는 선택할 수 없다

0과 100 사이에 선택지를 추가해야 해요

극단적으로 생각하는 것도 버릇이다

애인에게 메시지를 보내고 읽음 표시가 뜬 지 2시간이 지났지만, 답장이 오지 않는다. 무시당했다는 생각이 들어서 울컥한 기분이 되고 나쁜 상상을 하기 시작한다. '애인이 나를 좋아하지 않게 된 것은 아닐까?', '답장하기 귀찮으면 메시지를 쉽게 무시하는 사람이었나?' 이렇게 일단 '나쁜 사람으로 인정'하면 애인이 하는 행동이 전부 나쁜 의미로만 느껴지게 된다.

이런 상황이 생기는 이유는 모든 일을 '0과 100', '좋다, 나쁘다'의 이분법적인 시각으로 보기 때문이다. 바로 일반적으로 '흑백논리'라고 부르는 '사고방식의 나쁜 버릇' 중 한 가지다.

이런 사고방식은 자신의 의지와는 관계없이 무의식적으로 일어나는 습관이므로 '버릇'이라고 표현했다. 앉을 때 다리를 꼬거나 끊임없이 다리를 떠는 행동과 비슷하다. 즉, 의식적으로 고치려고 하면 조금씩 나아질 수 있는 사항이기도 하다.

즉석에서 좋고 나쁨을 판단하지 않는다

흑백논리를 멈추기 힘들 때는 먼저 자신의 사고방식부터 파헤쳐야 한다. 어떤 일을 '좋다, 나쁘다'로 판단하기 이전에 머릿속에 떠오르는 갖가지 생각에 대한 근거를 찾아보도록 하자.

앞서 이야기했던 메시지를 보낸 지 2시간이 지나도 애인에게 답장이 오지 않는 상황에 관해 생각해 보자. 일단 그 순간에 떠오른 생각들을 하나하나 잘 정리해 볼 필요가 있다.

첫 번째로 떠오른 생각이 '읽고 무시한 걸까?'였다면 그것부터 정리한다. 그 생각을 지지하는 근거를 기억 속에서 찾아보는 것이다. 근거로서 '어제는 바로 답장이 왔다.'라는 사실이 떠올랐다면, 그다음에는 신뢰도를 판단한다. 그 근거를 어느 정도 신뢰할 수 있는지 0~100%의 범위로 생각해 보자.

신뢰도가 70% 정도라고 생각한다면, 왜 100%가 아니라 70%인지에 대한 이유로 시선을 돌린다. 다르게 말하면, '어쩌면 읽고 무시한 게 아닐지도 몰라.'라고 판단한 '남은 30%'에 대한 근거도 생각해 봐야 한다는 뜻이다.

그러면 '일이 바쁜 날은 밤까지 답장이 없었으니까.' 또는 '이전에도 상사와 함께 있을 때는 답장을 바로 못 했으니까.'처럼 무시당했다는 생각과는 다른 기억을 떠올릴 수 있다. 결과적으로 흑백논리에 빠지지 않고 비로소 그사이에 있는 그라데이션을 볼 수 있게 되는 것이다.

이처럼 기분을 차분하게 정리하고 생각하면 자신이 평소에 하던 사고방식의 나쁜 버릇이 무엇인지 알 수 있다. 이 과정을 계속 반복하면 '이번에도 너무 앞서서 생각했다.'라는 사실을 깨닫게 되고, 이분법적인 생각에 제동을 걸 수도 있게 된다.

떠오른 생각을 잘 살펴본다

❶~❹의 과정을 통해 내 사고방식의 나쁜 버릇을 알아보자.

❶ 누군가(무엇인가)를 '나쁘다'고 판단했을 때의 생각을 떠올려 보자.

> (예) '애인에게 메시지를 보냈는데 답장이 없네? 이제 나를 좋아하지 않는 건가? 답장하기 귀찮으면 무시해 버리는구나.'

❷ ❶처럼 느끼게 된 근거를 말해 보자. 또, 그 근거의 신뢰도는 100%를 기준으로 했을 때 어느 정도라고 평가하는가?

> (예) 예전에는 항상 바로 답장해 줬는데, 이제는 내가 귀찮아진 것 같다. 이건 100% 확률로 읽고 무시한 것이다.

❸ ❷에서 말한 근거와 모순되는 사실을 생각해 보자.

> (예) 지난주에는 일이 바빠서 밤이 되어서야 '읽음' 표시가 떴다. 그리고 내가 불안하게 생각하는 것을 보고 같이 드라이브를 가자고 했다. 본인이 귀찮다고 무시하는 사람은 아닐지도 모르겠다.

❹ ❷의 신뢰도를 다시 한번 평가해 보자.

> (예) 오늘도 일이 바쁠지 모르니까 50% 확률이라고 생각한다. 일이 끝나면 연락 달라고 다시 메시지를 보내야겠다.

0과 100 사이에 선택지를 추가해야 해요

사람들은 보통 하루의 대부분을 직장에서 보낸다.
그래서 일과 그에 관련된 인간관계는 정신건강에
큰 영향을 미친다. 이번 장에서는 '일이 너무
바쁜 상황'에서부터 '불편한 사람과 마주하다
지친 상황'까지 일과 인간관계와 관련해서
힘든 점들을 폭 넓게 이야기해 보려고 한다.

CHAPTER 3

일에 관한 고민들

인간관계도 일도 두리뭉실하다

일이 바빠서 힘들다

내 무한하지 않은 에너지를 절약해야 해요

한계를 알리는 신호를 과소평가하지 않는다

맡은 일을 열심히 하려는 태도는 사회인의 기본이다. 하지만 여기에는 주의도 필요하다. 책임감이나 주변의 기대에 부응하려는 마음가짐은 중요하지만, 너무 강하면 자기 힘의 한계 이상으로 노력해야 하는 상황이 생기기 때문이다.

버거운 마음이 들어도 '다른 사람들도 바쁘니까.', '주변에서 필요하다니까.' 등의 이유로 부탁을 거절하지 못한다. 그 결과 혼자 많은 일을 떠맡게 되고, 필사적으로 일해야 하는 상황이 생긴다.

그런데 이렇게 괴로움을 안은 채로 애쓰는 시간이 오래 지속되면, 점점 감각이 마비되어 무엇이 자신의 한계를 알리는 신호인지 모르게 된다. 이를 판단하는 기준은 여러 가지가 있다. 이유 없이 눈물이 나오거나, 갑자기 화가 나거나, 외로움이 심해지거나, 무기력한 상태가 이어지거나 등의 신호를 통해 이미 위험한 상태임을 확인할 수 있다.

에너지는 '안정적으로 오래 유지'하는 것이 최고다

일하기 위해서는 에너지가 필요하다. 이상적인 방법은 매일 아침 에너지를 가득 채우고 일을 시작하여 저녁까지 활기차게 보내고, 밤에는 사용한 만큼 보충하는 방식이다. 하지만 사람은 콘센트에 연결하여 충전하는 스마트폰과는 다르다. 피로와 고민 등과 같은 이유로 다음날까지 완전히 충전되지 않을 때도 있다.

충전이 불충분한 상태에서 일을 시작하면 작업 효율이 떨어지거나, 오후가 되면 에너지가 바닥나 버린다. 또, 에너지가 부족한 채로 계속 일하면 심신이 완전히 지쳐서 수명이 다 된 배터리처럼 에너지의 충전과 소비가 원활하게 되지 않는다.

원하는 바를 말하기 전에 미리 준비한다

에너지 고갈을 막기 위해서는 주변의 협조가 필요하다. 자신이 할 수 있는 일의 범위를 생각한 다음, 상사나 동료와 상담하도록 하자. 하지만 지금까지 열심히 일하던 사람이 갑자기 "일을 줄이고 싶다."라고 이야기하는 것은 간단한 문제가 아니다. 그러므로 자기 생각을 잘 전달할 수 있도록 사전에 잘 준비하자.

먼저 대본을 만든다. 단순하게 일을 줄이고 싶다고만 하지 말고 그러고 싶은 이유에 관한 이야기도 준비한다. '왜 그렇게 하고 싶은지'에 따라 이야기를 듣는 상대의 자세와 그 이후의 대처가 달라지기 때문이다.

다음으로는 리허설을 한다. 자신이 준비한 대사를 듣는 상대의 반응을 상상해 본다. '화를 내지는 않을까?'라는 걱정이 든다면 표현 방법을 다시 생각해 보자. 부드럽게 이야기하고 싶다면 '나(I)'를 주어로 하는 '아이메시지(I-message)'를 추천한다. 아이메시지는 공격적인 인상을 주지 않기 때문에 상대가 조금 더 편하게 받아들일 수 있다.

아이메시지로 대답한다

상사나 동료에게 요구 사항을 이야기할 때, 나를 주어로 하여 표현한 예시를
보고 내가 요구하고 싶은 말을 아이메시지로 표현해 보자.

다른 업무로 바쁠 때

 바빠 죽겠는데 이것까지 어떻게 해요?

 죄송하지만, 제가 지금 다른 업무로 아주 바빠요.

일을 줄여 주기를 바랄 때

 업무 배정이 이상해요. 줄여 주세요.

 제가 담당하는 업무가 조금 많아요. 업무량에 관해 상담하고 싶습니다.

지쳤을 때

 야근 좀 시키지 마세요!

 제가 최근에 피곤이 계속 풀리지 않네요. 오늘은 야근 없이 퇴근하고 싶
은데, 양해 부탁드릴게요.

내 무한하지 않은 에너지를 절약해야 해요

내 생각만이 정답은 아닐 수 있다

보는 방법에 따라 다르게 보일 수 있어요

자신과 상대의 '정답'은 다를 수 있다

A 씨는 회의 시간에 몇 분 지각했다. 그런 A 씨의 모습을 본 상사 B 씨는 이번 회의가 앞으로의 업무 방향에 관한 중요한 회의였는데 A 씨가 긴장감이 없어서 다른 사람들에게 피해를 줬다고 불쾌하게 생각했다.

회의가 끝난 후 B 씨는 A 씨에게 다음부터는 늦지 말라고 주의를 줬고, A 씨는 미안해하며 사과했다. 하지만 B 씨는 나중에 다른 직원에게서 A 씨의 아이가 갑자기 열이 나는 바람에 출근이 늦어졌다는 사실을 들었다.

타인의 가치관과 마주한 경험이 시야를 넓힌다

'중요한 회의에 늦으면 안 된다.'라는 생각 자체는 문제가 되지 않는다. 하지만 이는 어디까지나 개인의 생각임을 깨달아야 한다. 유일한 정답이라고 할 수는 없다.

'~해야 한다.'라는 생각은 '내가 옳다.'라는 믿음에서 생겨난다. 물론 '나는 맞고 다른 사람은 다 틀렸다.'라고 극단적으로만 생각하는 사람은 거의 없을 것이다. 다만, 누구나 '이것이 당연하고 일반적이다.'라는 생각의 함정에 쉽게 빠져들 수 있다는 점을 명심해야 한다.

예를 들어 내가 중학생이던 시절, 우리 동네 중학교에는 '남학생은 무조건 삭발'이라는 교칙이 있었다. 지금 생각하면 말도 안 되는 규칙이다. 하지만 당시에는 그 규칙에 대해 아무도 '인권침해'라고 항의하지 않았다. 그것이 일반적이고 당연하다고 생각했기 때문이다.

지금의 내가 강제적인 삭발에 의문을 느끼는 이유는 살아오는 동안 겪은 과정에서 여러 가치관과 사고방식을 마주했기 때문이다. 내가 '일반적'이라고 생각하는 부분이 다른 사람에게는 '일반적이지 않다'는 사실을 경험으로 실감할 수 있었다.

누가 정답인지 따지는 게임이 아니다

하지만 자기 가치관에 의문을 가질 만한 경험을 전혀 해 보지 못한 채로 어른이 된 사람도 있다. 그러면 자신만의 기준으로 '~해야 한다.'라는 생각에 얽매여 타인과 부딪히고, 때때로 고집불통으로 외면당하는 등 인생이 힘들어질 수 있다.

정답, 오답이 분명하게 있는 게임이나 퀴즈와는 달리 가치관에 대한 정답은 서로 각자 다르다. 자신이 옳다고 해도 다른 사람이 틀렸다고 볼 수는 없다. 자신과 상대 모두 옳을 때도 많다.

같은 것이라도 보는 방법에 따라 차이가 나 보일 수 있다. 예를 들어 삼각기둥은 위에서 내려다보면 삼각형으로 보이지만, 옆에서 보면 사각형으로 보인다. 자신이 보는 것만 정답이라고 생각하지 말고 다른 각도에서 바라보려는 태도도 중요하다.

관점을 바꾸면 시야가 넓어진다

세상을 보는 가치관은 물체를 여러 각도에서 보는 일과 비슷하다. 아래 그림을 참고하여 보는 각도에 따라 보이는 모양이 달라진다는 사실을 기억하도록 하자.

삼각기둥이 있다고 한다면

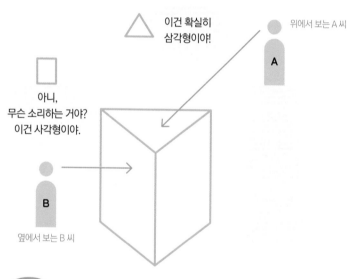

이건 확실히
삼각형이야!

위에서 보는 A 씨

A

아니,
무슨 소리하는 거야?
이건 사각형이야.

B

옆에서 보는 B 씨

POINT

'내 관점에서는 이렇게 보이지만, 상대에게는 다르게 보일지도 모른다.'라는 전제를 잊지 않는다면, '무조건 ○○로 해야 해.' 혹은 '무슨 소리하는 거야?' 등과 같은 태도도 자연스럽게 사라질 것이다.

보는 방법에 따라 다르게 보일 수 있어요.

직장에서 부정당한다

'의견'에 대해서만 반대하는 것일지도 몰라요

반대 의견의 제시는 인격 부정이 아니다

입장과 생각이 서로 다른 사람들이 모여 의논하는 자리에서는 당연히 상대의 의견에 반대하는 사람이 나올 수 있다. 직장에서의 반대나 부정은 어디까지나 '상대의 의견'에 대한 의사 표현이다. 의견을 말한 사람의 인격을 부정하는 행위가 아니다.

이런 사실을 머리로는 알고 있어도 기분 나쁘게 느껴지는 이유는 반대 의견을 '좋은 의견을 내지 못한 나를 책망하는' 혹은 '내 부족한 부분을 지적하는' 일로 받아들이기 때문이다.

자신이 부정당한다고 느끼면 보통 입을 다물거나 자기변호를 하게 된다. 그러면 분위기가 무거워지고, 스스로 자신감을 잃는 악순환에 빠질 수 있다.

반대 의견에는 두 가지 종류가 있다

먼저 반대 의견에는 크게 두 가지 종류가 있다는 점을 알아 두면 좋다. 일을 진전시킬 수 있는 요소가 들어 있는 '건설적인 의견'과 문제점을 지적하는 데서 끝나는 '단순한 비판'이다.

예를 들어 "그 아이디어는 현실적이 아니다."라는 말에는 부정 이외의 의미가 없다. 하지만 "그 아이디어는 예산이 많이 드는데, 규모를 축소할 수 있을까?"라고 한다면, 여기에는 원래 의견의 문제점을 구체적으로 지적하고, 이를 개선하기 위한 제안이 들어 있다. '예산이 너무 많이 든다'는 지적은 부정적으로 들리지만, 사실 '규모의 축소'라는 제안을 하기 위해 앞에 붙인 이야기일 뿐이다. 그리고 새로운 각도에서 제시하는 의견은 처음에 낸 아이디어를 개선할 수 있는 대안이 될 때가 많다.

'반대 의견=인격 부정'이라고 생각하는 이유는 지금까지 너무 많은 지적을 받아 왔기 때문일 수도 있다. 이런 생각에서 벗어나려면 먼저 모든 의견을 건설적인 내용으로 받아들이는 태도가 좋다. 그래도 의문이 생긴다면 '건설적인 의견인지, 단순한 비판인지' 다시 생각해 보자.

여기서 가장 중요한 점은 건설적인 의견을 주고받는 경험이다. 좋은 논의를 반복하다 보면 다른 사람이 하는 말의 의도를 정확하게 파악하는 힘을 기를 수 있다.

단순한 인격 부정은 무시해도 된다

상대의 발언이 건설적인 의견인지 아닌지 헷갈릴 때는 상대에게 직접 물어보는 방법이 가장 좋다. 앞서 이야기했던 상황에서는 "현실적이지 않은 이유는 어째서인가요?"라고 질문해 볼 수 있다. 그리고 적절하게 답변해 준다면 그 의견은 받아들이도록 한다.

하지만 상대가 어물쩍 넘어가는 식의 태도를 보인다면, 이는 단순한 비판이었다고 볼 수 있다. 신경 쓰지 말고 무시하는 것이 자기 마음을 지키는 지름길이다.

연습하기 건설적인 의견에서 배움을 얻는다

❶~❸의 과정을 통해 내게 도움이 될 만한 조언을 찾아보자.

❶ 비판적인 내용의 발언을 떠올려 보자.

예) 내가 한 일에 대해 "그렇게 하면 제대로 될 수가 없어."라고 말했다.

❷ ❶을 건설적인 의견으로 받아들이고 상대의 의도를 생각해 보자.

예) 더 효과적인 방법을 알려 주겠다는 마음으로 말한 것은 아닐까?

상대의 의도를 알 수 없는 경우

내가 그렇게 행동한 이유를 설명하고 상대에게 발언의 의도를 물어본다.

예) "저는 시간을 단축하기 위해 그 방법이 좋다고 생각했습니다. 그러면 안 된다고 생각하신 이유를 알려 주실 수 있을까요?"

❸ ❷에서 나를 성장시키기 위해 배울 수 있는 점을 생각해 보자.

예) 내가 생각하지 못한 의외의 방법을 배우고, 시야도 넓힐 수 있다.

'의견'에 대해서만 반대하는 것일지도 몰라요.

29
case

힘들어도 다른 사람에게
의지하지 못한다

그 누구도 혼자 살 수는 없어요

사람은 반드시 누군가에게 의지하며 살아간다

사람들은 대부분 다른 사람에게 의지하며 살아야 한다는 사실을 알고 있다. 그런데도 타인에게 의지하거나 의존하면 안 된다고 생각해서 그러지 못할 때가 종종 있다. 엄하게 자랐거나 책임감이 강한 사람은 이런 경향도 강하다.

하지만 사람은 혼자서는 살 수 없다. 마트에서 채소를 사는 간단한 일조차도 농사를 짓는 사람, 마트까지 운반하는 사람이 필요하다. 자급자족해 보겠다는 생각으로 직접 채소를 기른다고 해도 씨앗을 심을 때 쓰는 농기구를 만드는 사람이 있어야 한다. 즉, 우리는 이미 많은 사람에게 의존하며 살아가고 있다.

상담할 때 후회하지 않으려면 상대를 잘 골라야 한다

누군가에게 의지하고 싶은 마음이 들어서 상담을 받았는데, 상대가 자기 생각과 너무 다르게 반응하면 실망스러운 기분이 들기도 한다. '차라리 이야기하지 말 걸 그랬다.'라고 후회할 때도 있다.

그렇다면 후회하지 않기 위해서는 어떻게 해야 할까? 그 해답은 아주 간단하다. 상담하기에 적절한 상대를 선택하면 된다. 우리는 보통 자신과 가까운 상대에게 상담을 부탁한다. 하지만 그에 앞서서 상담받을 상대에 관해 생각해 볼 필요가 있다. 상담받을 상대를 선택하는 기준은 '내가 원하는 반응을 보일 만한 사람'을 고르는 것이 핵심이다.

예를 들어 단순히 고민을 털어놓고 싶다면 이야기는 잘 들어주지만 조언은 하지 않는 상대를 골라야 하고, 이와 반대로 조언을 듣고 싶다면 적절한 조언을 해 줄 수 있을 만한 상대를 고르는 편이 좋다. 알맞은 상대를 미리 선택해 놓으면 힘들 때 주저하지 않고 그 사람에게 의지할 수 있을 것이다.

먼저 부탁에 대한 거부감부터 낮춘다

다른 사람에게 잘 의지하지 않는 사람은 부탁하는 일 자체를 어려워하는 경향이 있다. 예를 들어 마감까지 도무지 할 수 없을 정도의 일이 있어도 도와달라고 하지 못한다. '다른 사람들도 바쁠 테니까 부탁하면 안 된다.'라고 생각하기 때문이다.

하지만 '다른 사람들도 바쁘다.'라는 생각은 사실일까? 이는 어쩌면 단지 자신만의 생각일지도 모른다. 그 이유는 사람마다 경력과 경험에 따라 일하는 속도와 능력이 다르기 때문이다.

먼저 자기 마음에서 '부탁에 대한 거부감'을 낮춰야 한다. '분명히 바쁠 것이다.', '도와주고 싶지 않을 것이다.' 등과 같은 생각을 미리 하지 말고, 용기를 내서 "조금만 도와주시겠어요?"라고 물어보자.

다른 사람의 부탁을 들어주는 행위는 누군가에게 도움이 되는 행동이기도 하다. 부탁받는 상황을 무조건 싫어한다고 단정할 수도 없다. 오히려 후배나 동료가 힘든 상황에 처했다는 사실을 알면 '도와주고 싶다.'라고 생각하는 사람도 있을지 모른다.

무리하지 않고 대화할 수 있는 상대 만들기

➊~➌의 과정을 통해 내게 적절한 상담 상대를 찾아보자.

➊ 상담받고 싶은 일을 생각해 보자.

　㉐ 회사에서 실수를 저질렀다.

➋ 상담의 목적이나 내가 원하는 상대의 반응을 생각해 보자.

　㉐ 지금은 조언을 받아들일 여유가 없으니, 그냥 이야기를 들어 주면
　　좋겠다.

➌ 가까운 사람 중에서 상담 상대로 가장 적합한 사람을 세 명 생각해 보고,
　그 사람들이 적합한 이유를 말해 보자.

㉐
적합하다고 생각한 사람	이유
A 씨	오늘은 그냥 들어만 달라고 하고 이야기하기 편하다.
B 씨	언제나 이야기를 잘 들어 준다.
C 씨	가끔씩 조언할 때도 있지만, 보통은 이야기를 들어만 주고 비판은 하지 않는다.

POINT

세 명을 생각해 보라고 하는 이유는 상담 상대를 신중하게 고르기 위해서, 그리고 원하
는 사람과 상담이 힘들 때를 대비하기 위해서다.

그 누구도 혼자 살 수는 없어요

사이가 좋아지고 싶다

보여 줘도 괜찮은 모습만 골라서 조금 보여 줘요

의식적으로 편한 시간을 활용한다

직장에서의 만남이라고 해도 일과 관련된 이야기밖에 할 수 없는 관계는 다소 답답한 면이 있다. 조금은 힘을 빼고 서로를 대한다면 함께 있는 시간이 편해지고 일에도 좋은 영향을 미칠 수 있다.

다른 사람과의 거리를 좁히기 위한 첫걸음은 상대에게 흥미를 갖는 것이다. 이를 위해 효과적인 방법은 진지하지 않은 시간을 활용하는 것이다. 보통 중요한 회의 도중에 '과장님의 취미는 뭘까?'라는 생각은 떠오르지 않는다. 하지만 일이 끝난 뒤, 회사에서 나와 역까지 같이 걸어갈 때는 문득 상대의 취미가 무엇인지 물어보고 싶어질 때가 있다. 이렇게 '문득 떠오르는 가벼운 흥미'는 상대와 대화를 나누는 계기가 된다.

자신의 개인적인 모습을 조금 보여 준다

나는 강연회에서 수강자들에게 나눠 주는 강연 자료에 반드시 QR 코드를 프린트해 놓는다. 그 QR 코드를 스마트폰으로 찍으면 내 자기소개가 있는 블로그가 뜨도록 만들어 뒀다. 자기소개에는 '로드 자전거'처럼 취미와 관련된 내용도 적어 뒀다. 비즈니스용 자기소개에 개인적인 내용도 적어 둔 이유는 '한 인간으로서의 나'에게도 흥미를 갖게 하기 위해서다.

지금까지의 경력과 현재의 활동 등과 같은 '공적인 부분'만으로는 서로 간의 연결고리가 약할 수밖에 없다. 잡담할 기회가 생겨도 화젯거리가 없고, "오늘 강의 좋았어요."처럼 형식적인 이야기만 하다가 끝난다. 강연회가 끝나고 뒤풀이 자리에 가더라도 전혀 거리가 좁혀지지 않는다.

하지만 나에 관한 내용은 잡담의 화제로 아주 좋다. '로드 자전거를 좋아한다'는 재료를 통해 상대는 내 인간적인 면을 어렴풋이 상상할 수 있고, 설령 상대가 일반자전거밖에는 타 본 적이 없다고 해도 대화를 시작할 화제로는 충분하다.

무리하지 않는 범위에서
자신을 얼마나 드러낼지 조절한다

다른 사람과의 관계가 깊어지기 위해서는 '흥미를 갖고 → 대화한다'의 과정이 빠질 수 없다. 대화의 계기를 만들어 보고 싶다면 상대에 대해 물어보는 방법보다 먼저 자신에 관한 이야기를 조금 해 보는 방법을 추천한다.

잘 모르는 상대에게 질문할 때는 그에 대한 반응을 예측하기가 어렵다. 예를 들어 건강해 보이는 사람에게 "혹시 운동 좋아하시나요?"라고 물어봤다고 해 보자. 상대는 그런 뻔한 질문에 지겨운 듯이 "아니요."라고 단답형으로 대답할지도 모른다. 아니면 이와 반대로, "맞아요. 헬스에 빠져 있어요. 제가 추천하는 단백질 음료는…"처럼 너무 자세한 이야기로 들어가서 오히려 대응하기가 더 힘들 수도 있다.

이렇게 예측할 수 없는 상황을 피하려면 자신을 화제로 제공하는 편이 확실하다. 그러면 화제를 주도적으로 선택할 수 있고 자신을 얼마나 드러낼지도 조절할 수 있으므로 시간이 얼마 없다고 해도 바로 편하게 대화를 나눌 수 있다.

연습하기 나를 얼마나 드러낼지 결정한다

❶~❷의 과정을 통해 무리 없이 의사소통할 수 있도록 준비해 보자.

❶ 지금부터 대화하고자 하는 상대가 나에 관해 알지 못하는 사항을 최대한 많이 생각해 보자.

❷ ❶ 중에서 상대에게 이야기해도 좋을 만한 내용에 동그라미를 쳐 보자.

(예)

 부산 출신

애니메이션을 좋아한다

한부모 가정

잠들기 전에 기도한다

좋아하는 사람이 있다

형과 여동생이 있다

사실은 구두쇠다

 야구를 좋아한다

화초를 가꾸는 취미가 있다

POINT

'조하리의 창(Johari Window)'을 생각하면 좋다. 조하리의 창이란 다른 사람에게 나 자신을 보여 주는 정도를 확인하고, 원활한 의사소통을 위한 개선 방향을 알아보는 심리 모델이다. 오른쪽 그림에서 나는 알고 다른 사람은 모르는 '숨겨진 창'을 넓혀 가는 형태로 자신을 드러내 보자.

	나는 알고 있다	나는 모른다
다른 사람은 알고 있다	열린 창	보이지 않는 창
다른 사람은 모른다	숨겨진 창	미지의 창

196

보여 줘도 괜찮은 모습만 골라서 조금 보여 줘요

쉬고 싶어도 쉴 수 없다

쉴 수 있는 환경을 조성하는 것도 중요한 일이에요

휴식은 일만큼 중요하다

'내가 없으면 회사가 돌아가지 않을까 봐' 혹은 '다른 동료에게 피해를 줄까 봐' 쉬지 못하는 사람이 있다. 하지만 아무리 건강하고 의욕이 넘치는 사람이라 해도 쉬지 않고 계속 달려갈 수는 없다. 에너지가 완전히 고갈되는 상황을 막기 위해서라도 휴가나 휴식은 일과 마찬가지로 중요하다. 그런데도 정작 쉬려고 하면 죄의식을 느끼게 되는 이유는 무엇일까?

만약 혼자 점포 관리와 판매를 모두 해야 하는 자영업자라면 쉬고 싶어도 가게를 열 수밖에 없다. 하지만 회사는 사장이 병원에 입원해도 별문제 없이 돌아간다. 그렇게 할 수 있는 이유는 어떤 일이든 특정 사람에게 의지하지 않고 조직으로 일해 나가는 시스템이 있기 때문이다.

그래서 직장인이라면 쉬는 데 죄책감을 느낄 필요가 없다. 계획적인 휴가라면 사전에 일정을 조정하고, 몸이 안 좋아서 갑작스럽게 쉬어야 한다면 될 수 있는 대로 빨리 연락하는 등 주변 동료의 부담을 최대한 덜 수 있게 배려하기만 해도 충분하다.

혼자 하기보다는 여럿이 함께한다

'쉬지 못하는 사람'에는 두 가지 타입이 있다. 첫 번째 타입은 눈앞에 있는 일에만 집중하여 '내가 하는 편이 빠르고 잘하니까.'라는 생각으로 일을 떠맡는 사람이다. 이러면 결과적으로 '오직 나만이 할 수 있는 일'이 늘어나기 때문에 이 사람이 쉬면 당연히 업무에 지장이 생긴다. 그리고 '내가 쉬어서 일이 엉망이 되었다.'라는 생각으로 자책하게 되는 악순환에 빠진다.

이런 타입의 사람은 일하는 '시스템'에 눈을 돌려야 한다. 조직으로 일한다는 점을 의식하고, 개인플레이만이 아니라 팀플레이를 해야 할 때도 있다는 사실을 명심해야 한다.

두 번째 타입은 책임감을 과하게 느끼는 사람이다. 실제로는 본인이 쉰다고 해서 일에 전혀 문제가 생기지 않는데도 '다른 사람에게 피해를 준다.'라는 생각을 강하게 하는 사람이다.

하지만 일반적으로는 직장 동료가 휴가를 갔다고 해서 특별히 그 사람 때문에 피해를 본다고 생각하지는 않는다. 나도 마찬가지다. 설령 그 때문에 업무가 조금 늘어났다고 해도 크게 신경 쓰지 않고 동료들의 업무를 맡아 줬다. 이와 반대로, 동료들도 내가 휴가를 갔기 때문에 피해를 봤다고 생각하지 않았고, 당연한 듯이 내 업무까지 맡아서 해 줬다.

회사가 원하는 바는 '자신밖에 할 수 없는 일'을 만들어서 하는 것이 아니라 다른 직원들과 협력하고 연대하여 함께 일하는 것이다. 다른 사람에게 맡겨도 업무에 문제가 생기지 않도록 준비해 둔다면 안심하고 쉬어도 괜찮다.

책임의 범위와 일의 방법을 정리한다

❶~❸의 과정을 통해 업무를 과하게 떠맡지 않도록 하자.

❶ 맡은 업무에서 내 책임 범위는 어디까지인지 생각해 보자.

　　(예) 프로젝트의 자료를 다음 달까지 완성한다.

책임의 범위가 애매할 때

상사와 선배에게 내게 부여된 업무의 책임이 어디까지인지 확인하자.

　　(예) "여기까지가 제 담당이라고 생각하는데, 맞을까요?"

❷ ❶의 업무가 늦어질 때, '기한까지 끝낼 수 없다'고 판단하는 기준을 정하자.

　　(예) 마감 일주일 전에 80% 정도 완성하지 않으면 늦는다.

❸ ❷의 상황을 피하기 위해 미리 할 수 있는 일을 생각해 보자.

　　(예) 마감 2주 전에 상사에게 확인받고 피드백을 반영한다.

쉴 수 있는 환경을 조성하는 것도 중요한 일이에요

좋은 평가를 받지 못해
의욕이 생기지 않는다

'나를 위해' 일하다 보면 상황이 바뀔지도 몰라요

다른 사람의 평가는 '결과'에 지나지 않는다

어디가 되었든 조직에서 일하는 이상 직장 상사의 평가에서 벗어날 수는 없다. 하지만 평가받는 입장에서 보면 납득이 되지 않을 때가 종종 있다. 그럴 때는 이렇게 생각해 보면 좋다.

일에 대한 평가는 '결과'에 지나지 않는다. 직장 상사가 무엇을 보고, 어떻게 느끼는지는 상사 본인이 아니면 조절할 수 없는 부분이다. 물론 '좀 더 제대로 평가해 줬으면 좋겠다.'라고 기대하는 것이 잘못은 아니다. 하지만 상사를 변화시키는 데 에너지를 사용하기보다 자기 생각을 바꾸는 편이 현실적이다.

일의 목적은 좋은 평가를 받는 것이 아니다

마찬가지로 나도 상사에게 평가받고 있다. 물론 평가를 잘 받으면 기분도 좋아지고, 월급이 오를지 모른다는 기대감도 생긴다. 하지만 그렇다고 해서 내가 '상사를 위해' 일한다고 생각하지는 않는다.

자신이 어째서 이 일을 하고 있는지에 관해 생각해 보면 그 대답은 분명해진다. 나는 간호사로서 병이 있거나 생활에 지장이 있는 사람들을 돕고 싶어서 일한다. 신경과 간호사로 일하고 있는 지금은 정신질환이 있는 분들과 그 가족들이 편안하게 생활할 수 있도록 도움을 주는 것이 내 일의 목적이다. 즉, 상사에게 인정받기 위해서가 아니다.

내가 열심히 일하고 있다는 사실을 상사가 인정해 주지 않으면 의욕이 떨어질 수 있다. 하지만 그렇다고 해서 '상사에게 인정받겠다'는 의식이 앞서면 일의 목적을 잊어버리게 되고, 점차 일에 대한 보람도 느낄 수 없게 된다.

상사의 평가는 일단 미뤄 두고, 자신이 지금 그 일을 하고 있는 이유를 다시 생각해 보자. 일의 의미와 목적을 명확하게 깨닫는다는 것은 자신이 하는 일의 가치를 안다는 뜻이다. 그러면 결과적으로 일의 능률이 오르고, 상사도 그 부분을 인정하게 될 것이다.

목적을 바꾸면 일하는 방식이 바뀐다

일의 의미는 어떻게 깨달을 수 있을까? 그 방법에 관해 생각해 볼 때 다음 이야기를 참고하면 좋을 듯하다.

《이솝 우화》에는 이런 이야기가 있다. 어떤 사람이 세 명의 벽돌공에게 "무엇을 하고 있습니까?"라고 물었더니, 그들은 각자 이렇게 대답했다.

"벽돌을 쌓고 있습니다."

"가족을 부양하기 위해 일하고 있습니다."

"역사에 남을 대성당을 만들고 있습니다."

같은 일이라도 목적에 따라 받아들이는 방법이 크게 달라진다. 일의 목적을 깊이 깨닫는다면 상사에게 인정받기 위해 일한다는 생각에서 벗어나서 근본적으로 자신이 생각하는 일의 가치에 알맞게 적절한 방식으로 일할 수 있을 것이다.

내가 하는 일의 가치를 생각한다

❶~❷의 과정을 통해 내가 하는 일의 가치를 생각해 보자.

❶ 내가 하는 일의 내용을 구체적으로 적어 보자.

❷ ❶에 대해 '나는 ○○(직업)을 한다. 그 결과 ○○(누구)가 ○○(가치)를 얻을 수 있다.'와 같은 형식으로 내가 하는 일의 의미와 목적을 생각해 보자.

(예)

하는 일	일의 의미와 목적
영업 사무	서류 작성과 자료 준비를 하고 있다. 그 결과 영업 담당자는 사무 작업에 대한 부담을 줄일 수 있고, 고객에게 알맞은 상품을 소개할 충분한 시간을 보낼 수 있다.

POINT

아무리 생각해도 답이 떠오르지 않는다면 인터넷에서 검색해 보는 방법도 좋다. 예를 들어 '서류 정리 목적', '회의 운영 목적' 등의 키워드로 검색하면 그와 관련하여 객관적으로 작성한 내용을 찾아 참고할 수 있을 것이다.

다른 사람에게
미움받을까 봐 무섭다

모두가 좋아하는 사람은 이 세상에 없어요

모든 사람의 호감을 받으려고 하면
오히려 고통만 생긴다

나름대로 친하게 지내는 사람은 있지만, 함께 있어도 왠지 모를 소외감이 느껴진다. 사람들이 자신에게 기대하는 역할을 연기하게 된다. 자기 혼자 이 관계를 신경 쓰고 있는 것처럼 느껴진다. 어쩐지 손해 보는 듯한 기분이 들고 피곤하다.

이런 기분이 드는 이유는 어쩌면 자신이 아는 모든 사람에게 호감을 얻기 위해 과하게 노력하고 있기 때문일지도 모른다. 물론 상대를 생각하고 배려하는 태도는 중요하다. 하지만 도가 지나치면 자신을 점점 더 괴롭게 한다.

호감을 원하는 것이 아니라 미움받고 싶지 않은 것이다

어째서 그렇게까지 호감을 얻으려고 노력하는 것일까? 사실 그 마음은 '미움받고 싶지 않다.'라는 마음의 그림자일지도 모른다. 즉, '호감'보다 '미움'에 의식이 집중되어 있다는 뜻이다.

예를 들어 내가 직접 다른 사람의 험담을 하지 않는다고 해도, 다른 사람이 하는 뒷담화를 들을 때가 있다. 또, SNS에서 공격적으로 다른 사람을 욕하는 게시물을 보기도 한다. 이런 부정적인 정보를 계속 접하다 보면, 자신도 누군가에게 비슷한 취급을 받고 있을지 모른다는 생각이 들 수 있다. 그러면 미움받는 데 대한 두려움이 생기고, '모두가 나를 좋아해 줬으면 좋겠다.'라는 마음이 강해지는 것도 이상하지 않다.

하지만 실제로는 각자 사람에 대한 호불호가 있기는 해도, 누군가를 '좋다', '싫다'로 딱 잘라서 나누는 사람은 의외로 많지 않다. 도저히 좋아할 수 없는 상대라 해도 '나와 맞지 않을 뿐이지, 나쁜 사람은 아니다.'라고 생각하고, 될 수 있으면 누군가를 싫어하지 않으려고 의도적으로 노력하는 사람도 많다.

자신을 괴롭히는 비현실적인 생각은 버린다

조금은 과감한 결심이 필요할지도 모르지만, '모두에게 호감을 얻으려는 마음'은 버리는 편이 좋다. 슬픈 일이지만, 아무리 대단한 인격을 소유한 사람이라도 그 사람을 좋아하지 않는 사람은 있기 마련이다.

생선을 먹는 방법만 생각해 봐도 회를 좋아하는 사람이 있고, 구이를 좋아하는 사람이 있다. 식성에도 호불호가 있듯이 사람에게도 잘 맞는 사람과 잘 맞지 않는 사람이 있다.

'모두가 좋아하는 사람'이 되겠다는 목표를 세우면 엄청나게 무리할 수밖에 없다. 음식이라면 회를 좋아하지 않더라도 "신선해서 맛있다."라는 이야기를 듣고 한 번쯤 먹어 볼 수도 있다. 하지만 그조차도 쉬운 일은 아니다. 하물며 '모두가 좋아하는 사람'처럼 큰 이상을 품는다면, 삶은 너무 힘들어지고 실현할 수도 없다. 그보다는 무리 없이 편하게 만날 수 있는 사람들과 더 좋은 관계를 맺는 것을 목표로 하는 편이 훨씬 낫다.

힘들지 않게 만날 수 있는 상대를 찾는다

❶~❸의 과정을 통해 힘들지 않게 만날 수 있는 상대를 찾는 방법을 생각해 보자.

❶ 지금까지 누군가와 마음이 통했다고 느꼈을 때의 감정을 생각해 보자.

❷ 누구와 어떤 만남을 가졌을 때 ❶과 같은 기분이 들었는지 생각해 보자.

(예)

누구	어떤 만남
같은 애니메이션을 좋아하는 사람	이야기가 무르익었다.
오랜 친구	서로의 이야기를 잘 들어 줬다.

❸ ❷와 같은 만남을 늘리기 위해 지금 할 수 있는 일을 구체적으로 말해 보자.

   (예) 애니메이션 동호회에 들어가서 같은 취미로 이야기를 나눌 수 있는 사람들을 찾는다.

   허물없는 친구들과 느긋하게 시간을 보낸다.

모두가 좋아하는 사람은 이 세상에 없어요

일이 끝나지 않아
마음이 무겁다

목표를 향해 일단 한 발 앞으로 내디뎌 봐요

작은 일도 쌓이면 '끝나지 않는 일'이 된다

일이 쌓여서 끝나지 않는 상황은 하루하루의 작은 업무 속에서 생길 때가 많다. 작은 업무를 예로 들면, 업무일지 작성이나 교통비 정산 등을 떠올리는 사람이 꽤 있으리라고 생각한다.

업무일지는 마음만 먹으면 5분 정도 만에 작성할 수 있다. 하지만 일이 바빠서 지쳤거나, 퇴근 후에 약속이 있어서 마음이 급할 때는 '내일 정리해서 쓰자.'라는 생각이 들기도 한다.

그러다 불현듯 며칠 치가 밀렸다는 사실을 깨닫게 된다. 그날그날 바로 썼다면 기억나는 대로 쓸 수 있겠지만, 며칠 전 일은 수첩이나 메모를 확인하지 않으면 못 쓴다. 미루어 둔 만큼 써야 할 분량이 늘어나고, 그에 비례하여 스트레스도 커진다.

그리고 스트레스 해소를 위해 집에 가는 길에 노래방에 들른다. 노래를 부르고 나니 기분이 풀려서 노래방에 오길 잘했다는 생각이 든다. 하지만 다음날 회사에 가면 또다시 가득 쌓인 일더미가 기다리고 있다.

스트레스 관리보다 과제 해결이 필요할 때도 있다

쌓인 일이 많아서 괴롭다면, 이를 해소하기 위한 최선의 방법은 기분 전환이 아니라 '과제를 해결하기 위한 행동'이다. 아무리 노래방에서 스트레스를 발산해도 과제가 남아 있는 한 스트레스에서 벗어날 수 없기 때문이다.

과제 해결에 도움이 되는 행동은 우선 일을 시작하는 것이다. '일이 끝나지 않는다.'라고 고민하거나, 효율을 높이기 위해 작전을 짜기보다는 '당장 할 수 있는 일'부터 처리하는 방법이 훨씬 효과적이다.

이 시점에서는 쌓인 일을 모두 끝내 버리겠다고 생각할 필요가 없다. 일단 당장 일을 시작하는 것이 과제 해결을 위한 첫걸음이다.

업무 시작의 허들을 낮춘다

사람의 기분은 행동에 따라 좌우되기도 한다. 2~3분 정도 짧게 산책하려고 밖에 나왔는데, 걷다 보니 어느덧 30분이 지나 버린 경험이 있을 것이다. 그래서 내키지 않아도 일단 시작하는 것이 중요하다. 일을 시작하는 데는 '간단한 서류 한 장부터 마무리 짓자.'라는 마음만으로도 충분하다. 일단 시작하면 며칠간 쌓인 서류를 단숨에 작성하는 상황도 생길 수 있다.

일을 좀 더 쉽게 시작하기 위한 장치도 있으면 좋다. 예를 들어 업무와 관련된 메일이 많다면, 시간 날 때 음성 녹음으로 요점을 메모해 놓는 방법이 있다. 그러면 이후의 작업이 편해지므로 업무 시작의 허들이 많이 낮아진다.

내가 정한 장치 중 한 가지는 방 책상에 컴퓨터 이외의 물건은 일절 놓지 않기로 한 것이다. 그렇게 하고 나니 책상에 앉으면 주저없이 일을 시작할 수 있었다. 다만, 책상 대신 바닥에 물건을 널브러뜨리는 버릇이 생겼다. 일의 효율과 비례하여 가족에게 잔소리를 들을 확률이 높아지긴 했다.

문제 해결에 도움이 되는 방법을 찾는다

문제에 직접적으로 도움이 될 만한 행동들을 생각하여 정리해 봤다. 자신에게 알맞은 방법이 있다면 적용해 보자.

업무

· 업무를 세세하게 나눈다.
· 업무 내용을 누군가에게 이야기하며 일을 진행할 순서를 정리한다.
· '일단 5분만'이라는 마음으로 서류 작성을 시작한다.
· 바로 작업을 시작할 수 있도록 컴퓨터를 끌 때 절전 모드로 해 놓는다.
· 포스트잇에 해야 할 일을 적어 놓고 끝나면 떼어 낸다.

집안일

· 좋아하는 음악이나 라디오를 들으면서 한다.
· 집안 전체를 한 번에 청소하려고 하지 말고 조금씩 나눠서 한다.
· 편리해 보이는 청소용품을 구매하여 사용해 본다.
· 일을 끝내고 먹을 맛있는 과자를 준비한다.

공부

· 평소에 공부하는 장소와 다른 곳에서 해 본다.
· 좋아하는 과목부터 시작한다.
· 시간을 짧게 하여 타이머를 설정한다.
· 함께 공부하는 친구와 진도를 맞춘다.

목표를 향해 일단 한 발 앞으로 내디뎌 봐요

불편한 사람과 만나기가 힘들다

좋아할 수는 없어도 불편하지 않을 방법을 찾아봐요

'상대를 기준'으로 삼으면 지친다

어떤 사람을 대하기 힘들다고 느끼면 그 사람에게 과하게 신경 쓰게 된다. 예를 들어 꾸미기를 좋아하는 동료가 불편하다고 해 보자. 그 사람은 점심시간에 함께 있으면 반드시 패션에 관해 이야기한다. 나는 패션에 전혀 흥미가 없어서 이야기를 들어 주는 일조차 버겁다. 하지만 불화를 만들고 싶지 않아서 여드름을 대하듯이 조심스럽게 대한다. 그러다 보면 어느 순간 피곤한 기분이 들고, '왜 나만 신경 써야 하지?'라는 불만이 생긴다. 그리고 그 사람에 대한 불편한 의식이 점점 더 강해질지도 모른다.

호불호의 감정은 사람이라면 당연히 생길 수밖에 없다. 그 때문에 죄책감을 느낄 필요는 없다. '어른스럽게 상대에 맞춰 반응해 주면 좋을 텐데, 나는 아직 미숙하다.'라는 식의 이상한 반성은 더욱더 의미 없다. 자신이 지치지 않으려면 '상대를 기준'으로 하여 자신의 언행을 상대에게 맞추려는 마음에서 벗어나야 한다.

불편한 상대를 대하는 요령을 준비한다

그렇다면 불편한 상대는 어떻게 대하면 좋을까? 결론부터 말하자면 거리를 두는 방법이 가장 좋다.

하지만 그렇게 하고 싶어도 그러지 못할 때가 많이 있다. 그럴 때는 자기 마음에 부담이 생기지 않도록 적절하게 상대와 멀어지는 방법을 생각해 두면 좋다. 업무 상대라면 안부를 묻고 필요한 사항을 전달하되, 잡담은 하지 않는다. 사적으로 아는 사이라면 대화할 때는 5분 정도로 짧게 하고, 메시지가 와도 용건에 대해서만 답장한다.

그 사람에게 실례가 되지 않는 태도를 유지할 수 있으면 그 정도로 선을 그어도 전혀 문제가 생기지 않는다. 이렇게 미리 자신에게 무리가 되지 않을 정도의 행동 요령을 몇 가지 정해 놓고 상대를 대하도록 하자.

담담하게 '평소의 나'를 유지한다

가끔은 불편한 의식이 폭발하여 주변 사람에게 그 사람에 대해 험담하거나, 순간적으로 불쾌한 태도를 보일 수도 있다. 하지만 이런 행동도 그 사람을 기준으로 삼아서 '평소의 나'를 잃어버렸기 때문에 발생하는 현상이다. 불편한 사람에게 과하게 신경 쓸 필요가 없다면, 과하게 부정할 필요도 없다는 점을 잊지 말자.

상대가 누구라고 해도 평소의 자신을 유지해야 한다. 그리고 그런 태도를 '괜찮다.'라고 생각할수록 자신은 더욱 소중해진다.

'평소의 나'를 유지하기 위한 체크리스트

불편한 사람과 마주할 때, 상대를 부정하거나 과하게 신경 쓰지 않도록 평소 내 말과 행동을 확인해 보자.

상대를 부정하지 않기 위한 체크리스트

☐ 말투를 예의 바르게 한다.

☐ 감사와 사과의 말을 분명히 한다.

☐ 필요한 일에 대해서는 상대의 말을 잘 듣는다.

☐ 노골적으로 차가운 태도로 대하지 않는다.

☐ 제3자에게 그 사람의 험담을 하지 않는다.

☐ 상대에게 불쾌감을 주는 발언은 피한다.

☐ 상대의 입장과 생각을 존중한다.

과하게 신경 쓰지 않기 위한 체크리스트

☐ 상대에 맞추지 못하더라도 내가 문제가 있다고 생각하지 않는다.

☐ 무리해서 대화를 맞춰 주려고 하지 않는다.

☐ 상대의 마음에 들기 위해 행동하지 않는다.

☐ 상대 앞에서 나를 꾸며서 행동하지 않는다.

위에 나열한 내용 외에도 '사람으로서 당연히 지켜야 할 것을 지키고 있는지'와 같은 관점으로 내 말과 행동에 관해 생각해 보는 태도를 추천한다.

줄어들 수는 없어도 불편하지 않을 방법을 찾아봐요

자신의 소중함을 깨닫고 건강한 나를 되찾자

2022년 9월, 결과적으로 이 책의 편집을 담당해 준 출판편집자에게 조금이라도 마음이 편해질 수 있도록 기분을 전환하는 요령과 부정적인 감정을 버리고 새로운 사고방식을 갖는 방법 등을 주제로 책을 써 보자는 출판 의뢰 메일이 왔다. 나는 정신질환 진단을 받지는 않았어도 마음속의 문제를 깨닫지 못하고 있거나, 어떻게 대처하면 좋을지 모르는 사람들이 '이 정도는 할 수 있겠다.'라는 마음으로 편하게 읽을 수 있을 만한 책을 쓰면 좋겠다는 생각이 들어 다음과 같이 답장을 보냈다.

"요즘 시대에는 자신이 소중한 존재라는 깨달음과 자신을 소중히 여기는 태도가 가장 중요하다고 생각합니다. 알지 못하는 사이에 상처받는 경험이 쌓이면 나 자신을 소중히 여겨야 한다는 사실을 잊어버립니다. 싫을 때는 피하면 된다는 사람도 있지만, 도무지

피할 수 없거나 스스로 피해야 하는 상황에 처했음을 깨닫지 못한 채 단순히 '나는 잘 살고 있는 걸까?'라고 고민하며 위화감만 느끼는 사람도 우리 주변에 참 많습니다. 그런 분들에게 도움을 줄 수 있는 책이 되면 좋겠습니다."

내게 방문간호를 받는 분에게 정신질환 진단을 받게 되기까지의 과정을 물어본 적이 있다. 그때 들었던 생각은 정신질환이 마음에 피로가 쌓여서 결국 생활에 지장을 줄 정도로 심해지면 발생하는 병이라는 점이었다. 갑자기 증상이 나타나는 사람도 드물게는 있지만, 증상이 나아진 다음에 물어보면 대부분 그때까지 마음에 쌓인 피로감이 원인이었다고 했다.

오랜 현장 경험을 통해 '만약 미리 정신건강을 위한 대책을 세워 놓는다면 정신질환을 예방할 수 있지 않을까?'라는 생각이 들었다. '만약 이때 한 달 정도 직장을 쉬었다면 어땠을까?',

'만약 친구와 거리를 뒀다면 어땠을까?'처럼 구체적인 대책에 관해서도 고민했다. 물론 모든 사람에게 같은 방법이 통하지는 않는다. 그렇게 해도 정신질환이 생길 수 있고, 마음의 피로가 완전히 회복되지 않을 수도 있다. 하지만 자신이 주체적으로 생각한 예방법이 전혀 효과가 없지는 않다. 조금이라도 더 '건강한 나'를 되찾으려는 노력이기 때문이다.

편집자에게 메일을 받았을 때, 내가 그토록 오래 고민했던 내용을 책으로 다룰 수 있겠다는 생각이 들어서 기쁜 마음에 승낙했다. 그 이후에 편집자는 원고를 쓸 시간이 없는 나를 위해 취재 형식으로 책을 만들어 보자고 제안했다. 이 방식이 정말 좋았던 점이 한 가지 있었다. 보통 혼자 책을 쓰면 독자가 무엇을 궁금해할지 생각하기도 힘들지만, 내 생각과 독자의 생각이 크게 다를지도 모른다는 불안감 때문에 "독자의 시점에서 보고 솔직하

게 말씀해 주세요."라고 편집자에게 의견을 물어볼 때가 많았다. 하지만 이번에는 편집자와 작가가 먼저 독자들이 궁금해할 만한 내용을 질문 형식으로 정리해 주고, 그에 대한 내 답변을 구체화하는 방식으로 작업했다.

나 혼자만의 힘으로는 책을 완성하지 못하고 도중에 좌절했을지도 모른다. 원고를 읽기 편한 형태로 마무리할 수 있게 도와준 작가와 정리가 안 되는 내 이야기를 끈기 있게 들어 주고 주제를 구체화할 수 있게 도와준 편집자, 그리고 주제에 맞게 따뜻한 느낌의 삽화를 그려 준 일러스트레이터 덕분에 각박한 세상을 느긋하게 살아가게 해 줄 삶의 이정표와 같은 책이 탄생할 수 있었다. 모든 분께 마음속 깊이 감사드린다.

마지막으로 독자들의 인생이 편안해지는 데 이 책이 조금이라도 도움이 된다면, 그보다 행복한 일은 없을 것 같다.

코세코 노부유키

느긋하게 살았더니
내가 더 좋아졌어요

지은이 | 코세코 노부유키
옮긴이 | 최우영
펴낸이 | 이동수

1판 1쇄 펴낸날 | 2024년 03월 18일
1판 2쇄 펴낸날 | 2024년 03월 27일

책임편집 | 이형진
디자인 | ALL design group
일러스트 | 호노유

펴낸곳 | 생각의날개

주소 | 서울시 강북구 번동 한천로 109길 83, 102동 1102호
전화 | 070-8624-4760
팩스 | 02-987-4760
출판등록 2009년 4월3일 제25100-2009-13호

ISBN | 979-11-85428-79-6 03180

- 원고 투고를 기다립니다. 집필하신 원고를 책으로 만들고 싶은 분은 wingsbook2009@naver.com으로 원고 일부 또는 전체, 간단한 설명, 연락처 등을 보내주십시오.

- 책값은 뒤표지에 있습니다.

- 잘못된 책은 구입하신 곳에서 교환해 드립니다.